나는 진실합니까

권미상 산문집

도서출판 상상인

나는 진실합니까

| 작가의 말 |

 기록은 세월을 기억하는 글이다. 그 시절 그 시간을 살았던 사람들과 감정들, 상황과 풍경들이 고스란히 담겨 있다. 시간은 우리에게서 많은 것을 빼앗아 가지만 그 시간들을 기억하며 글로 남길 때, 우리는 잃어버린 것들을 다시 찾아가는 여정의 길 위에 놓인다.

 진실도 시간 안에 있는 것이어서 많은 것들을 잊고 잃고 버린다. 그 기억은 기록으로 연장되고 그것이 역사다. 기록은 시간 속에 묻힌 소중한 순간들, 절대로 잊어서는 안 될 일들, 반드시 변화해야만 한다고 생각했던 것들을 기억하는 장치다.

 나이가 들수록 진실하지 않아도 된다는 사람들이 늘어난다. 자신에게 관대해질수록 진실을 외면하는 사람들이 많아진다. 진실의 반대는 거짓만이 아니다. 방관이고 외면이기도 하다. 진실하지 않거나 외면하고 방관할 때 양심은 상처를 입는다. 보이지 않지만 상처는 곪고 곪아서 악취를 풍기고 주변으로 퍼져 나간다. 서서히 파국을 맞는 것이다.

이 글은 나만의 이야기가 아니다. 내가 살아온 시간들, 그 시간과 함께 살아온 사람들과 그 진실의 기록이다. 기록의 그릇으로 언론을 선택했고 다행히 내게 주어졌다.

2013년부터 2020년까지 대구매일신문과 오마이뉴스에 연재된 글들이다. 세월의 먼지가 많이 쌓였다. 부족하지만 쌓인 먼지를 털고 한 권의 책으로 세상에 내놓는다. 안타까운 사실은 이 글을 쓴 그때나 지금이나 진실을 무시한 사람들은 더 오만해졌다는 것이다. 분노의 피스톤이 최고조에 달하면 터지기 마련이다. 때를 기다리며 그 시간을 기억하는 사람들과 함께 나누고 성찰하는 기록이 되기를 바란다.

당시 지면을 허락해 준 언론사에 감사드리며 산문집이 나오도록 응원하고 힘이 되어준 목련구락부 글벗들에게도 깊은 애정을 전한다.

2024년 가을 권미강

| 차 례 |

작가의 말 _4

1부 진실은 저항한다

괴벨스와 리플리 증후군 _14
비밀 _16
캄비세스왕의 재판 _18
당신은 진실하세요? _20
권력 사용법 _23
저항과 변절의 도구 _27
일제를 찬양한 문학판 카포Kapo _29
역사를 말할 권리 _33
진실은 저항한다 _35
신포도와 여우들 그리고 양치기 소년 _37
말의 온도 _39
"뭘 좀 멕여야지" _41

2부 니나를 위한 노나메기

니나를 위한 노나메기 _46

인디언의 기도문 _48

리더 _50

개 같은 인생 _53

'개'만도 못하다는 말 _56

세상에서 가장 아름다운 단어 '엄마'의 오독 _58

어미는 몸으로 자식을 기억한다 _60

품격의 조건 _62

닭의 오덕五德 _64

불을 훔친 욕망 _66

3부 벽을 넘는 담쟁이들

슬픔의 차이는 없다 _70
울지 않고 날지 않는 새처럼 _72
얼굴에 책임을 진다는 것 _74
상처와 치유 _76
벽을 넘는 담쟁이들 _78
100일 동안 _80
문학평론가 고故 김양헌 선생 _82
우리 시대의 유리천장 _85
젊은 대구 잠 깨어 오라 _87
달빛동맹이 몰고 온 봄소식 _91

4부 전염병을 이기는 법

전염병을 이기는 법 _96

코로나바이러스의 충고 _99

삐비와 신포도 _102

〈워낭소리〉 그리고 『엄마를 부탁해』 _105

부모 _108

휴대폰으로부터의 자유 _110

최고의 새해 퍼포먼스 _113

BTS에게서 찾은 풍류 _115

우리, 춤추게 해 주세요 _117

신록 예찬 _120

도시 재생의 길을 묻다 _123

구미, 당깁니다 _125

5부　물들어 간다는 것

김광석 _130

길이 가지는 내력 _134

봄, 적멸보궁 가는 길 _139

그립고 고맙고 _143

시인, 오월에 삶을 묻다 _147

벌거숭이 임금님들의 세상 _152

엄마의 여름 '차미' _156

늑대의 진실 _160

오리할아버지의 퇴임식 _164

국수 먹기 좋은 날 _169

물들어 간다는 것 _174

침묵하는 달에서 마음 깊은 곳에 머무는 달로 _178

불안도 힘이 된다면 _182

천천히 천천히 _186

4월, 꽃들에게 희망을 _190

이 시대의 역린 _195

여전히 슬픈 봄날에 _199

진실과 거짓의 한 끗 차이 _203

6부 416 순례길을 걸으며

『416단원고약전』 스토리펀딩 _210

한 코씩 뜰 때마다 만져지는 그리움 _213

목격자가 되어 주세요 _221

어른이 되고 싶었지만 별이 된 아이들 _228

차라리 사랑한다고 말해 줄 걸 _234

나는 이런 일을 하고 싶었어요 _246

세월호에서 반짝이는 별 _257

친구여서 행복했어 _269

사무치고 사무쳐서 시를 썼어 _278

너에게 그리움을 보낸다 _288

416 순례길을 걸으며 _295

1부

진실은 저항한다

괴벨스와 리플리 증후군

 괴벨스는 히틀러를 만들어 낸 인물이자 선전 선동의 귀재로 꼽힌다. 세계를 전쟁으로 몰아넣은 히틀러를 영웅으로 선전했던 사람이다. 독일이 패망하자 히틀러는 후임으로 괴벨스를 지목하고 자살한다. 괴벨스는 단 하루짜리 총리제독이 되고 가족들과 동반 자살로 히틀러 뒤를 따른다. 다리를 절었던 열등감을 풀어준 히틀러를 위해 제2차 세계대전의 당위성을 선전했던 그의 선동 때문에 무수한 사람들이 목숨을 잃고 비참한 삶을 살았다. 그의 대중 선동 기술은 많은 권력자들에게 사용됐다. 그 최후가 비참한데도 괴벨스 방식이 독재자를 위한 홍보마케팅으로 활용된다는 것이 참 아이러니하다.

 "99가지의 거짓과 1개의 진실을 적절하게 배합하면 100%의 거짓보다 더 큰 효과를 낸다. 대중은 처음에는 거짓말을 부정하고 의심하지만 되풀이되면 결국 믿게 된다"는 괴벨스의 말은 세상을 자기중심으로 바꾸려는 권력자들에게 매우

매력적일 것이다.

 자신의 상상 속 허구를 사실이라고 믿는 심리적 장애인 '리플리 증후군'이 있다. 패트리샤 하이스미스 소설 『재능 있는 리플리 씨』에 나오는 주인공 이름을 딴 병명이다. 자신이 상상하는 거짓 세계를 스스로도 사실이라고 믿으며 열등감을 감추기 위해 사실과 거짓말의 차이를 인식하지 못하는 증세다. 괴벨스의 생애를 보며 그가 리플리 증후군이 아니었나 생각해 본다. 자신이 믿고 싶은 것만 믿고 나중에는 거짓조차 사실로 믿어 버리며 그걸 독재자를 위한 선전 선동에 이용했기 때문이다.

 역사를 돌아보면 우리에게도 괴벨스의 선전 선동에 이끌리던 시절이 있었다. 진실을 입 밖으로 내기만 해도 안기부로 끌려가서 고초를 겪었던 시절, 언론들은 괴벨스의 나팔수가 되거나 되어야만 했다. 하지만 지금은 모든 사람이 언론의 자유를 가질 수 있는 시대다. 그런데 스스로 리플리 증후군에 걸린 괴벨스들이 여전히 진실을 막아서고 있다. 어떻게 해야 할 것인가.

비밀

 2004년 미국의 예술가 프랭크 워랜 씨는 대중을 상대로 재미있는 프로젝트를 진행했다. 도서관, 지하철역 등에 엽서를 비치하고 누구든 자신의 비밀을 써서 보내는 '비밀엽서' 프로젝트다. 사람들이 보내온 엽서에는 기상천외한 비밀들이 쓰여 있었다. '수영장에서 몰래 오줌 누는 걸 즐긴다거나, 월급을 더 받기 위해서 수천 명 직원의 월급을 삭감하라고 명령했다거나, 자신이 상처를 덜 받기 위해서 사람들을 경멸한다거나, 떠날 수 있도록 남편이 나쁜 짓을 했으면 한다거나' 등 몰래 간직했던 비밀들이 엽서를 통해 세상에 모습을 드러냈다. 프로젝트는 대 성공이었다.

 '비밀엽서'가 각광 받은 것은 익명성 때문이다. 비밀은 결코 들키거나 밝히고 싶지 않은 말 그대로 '비밀'이다. 한편으론 자신의 존재가 드러나지 않는다면 누군가에게 털어놓고 싶은 욕구가 '비밀'에 있다. 그게 사람의 욕망이다. '임금님 귀는

당나귀 귀' 이야기처럼 아무도 없는 대나무숲에라도 풀어내야 속이 후련한 것이 비밀이다. 비밀, 영어로 'secret'의 어원은 라틴어 'secretus'다. '분리하다, 따로 떼어놓다, 선별하다 배설하다'의 뜻을 가지고 있다. 그 어원이 '비밀'의 속성을 다 담아내고 있는 듯하다.

온라인 커뮤니티에도 익명으로 비밀을 풀어놓는 '대나무숲'이 있다. 며칠 전 국회 관계자들이 이용하는 SNS '여의도 옆 대나무숲'에 공수처 패스트트랙으로 시끄러웠던 상황 속에서 고충을 겪었던 불만들이 올라왔다. 보좌진들을 앞장세우고 자기주장을 외치던 국회의원들에 대해서다. 심한 몸싸움으로 몇몇 보좌진들은 상처를 입었을 것이고 차후에 법적 조치를 당할 수도 있는 형편이니 불만이 클 것이다. 속앓이만 하는 이들이 비밀 아닌 비밀을 '대나무숲'에 털어놓았다. 이들에게 어쩌면 비밀은 '자신들 입맛에 맞게 따로 떼어서 생각하고 선별해서 배설하는' 진저리나는 구태 정치의 이면인지도 모른다.

캄비세스왕의 재판

 정말 끔찍한 그림이었다. 화가 제라르 다비드의 '캄비세스왕의 재판'을 본 것은 '법원을 법정에 세우다'라는 연극에서다. 그림은 끔찍하고 잔혹하며 엽기적이기까지 하다. 재판관이 몰래 돈을 받는 모습과 체포되는 그림과 산 채로 살가죽이 벗겨지는 재판관과, 재판관이 된 그의 아들이 아버지의 벗겨낸 살가죽을 깔고 앉은 그림이다. 판사들의 금품 수수를 내부 고발했다가 고초를 겪은 한 변호사의 실제 이야기를 담아낸 연극에서 이야기를 풀어가는 장치로 사용됐다.

 부패한 법관들로 골치를 썩던 브뤼헤시가 다비드에게 의뢰해 탄생된 이 그림은 페르시아왕 캄비세스가 부패한 판사 시삼네스에게 내린 형벌을 그대로 묘사했다. 재판관이 얼마나 공정해야 하는지를 효과적으로 보여줬지만 그림 속 행위는 너무나 야만적이다. 그럼에도 법을 집행하고 판결하는 재판관들이 얼마나 엄중하고 엄정해야 하는지 알 수 있다. 연극에서 자신의 뜻을 굽히지 않는 주인공과 선배 재판관의 설전 중 '성역이 없다구? 성역이 있어. 그게 바로 우리야'라는 말이 다비드의 그림과 겹쳐졌다. 다른 죄목에도 끔찍한 형벌을 내렸던 캄비세스는 판결을 내리는 재판관이 스스로 성역이 되는 걸 막으려는 의도도 있었을 것이다. 그리고 재판관이 공정함을 잃었을 때 운명이 뒤바뀐 사람들의 원성은 왕의 권위마저 위협하는 엄청난 힘이 된다는 것을 알았을 것이다.

우리는 역사에서 수없이 잘못된 판결을 봐왔다. 권력, 돈과 결탁된 판결로 역사의 진실이 묻히고 죄인이 되고 직장과 가족을 잃고 평생을 폐인처럼 살았던 사람들이 우리 주변에도 참 많다. 잘못된 판결의 희생양이 된 사람들은 산 채로 살가죽이 벗겨지는 고통보다도 더한 고통을 받으며 인생을 마감하기도 한다. 법을 집행하는 행위가 진지진능의 권위가 아니라 공정함을 다루는 일이라는 것을 '캄비세스왕의 재판'을 통해 다시 한 번 깨닫는다.

당신은 진실하세요?

'거짓 없이 참되고 바르다'라는 사전적 의미를 굳이 들먹이지 않더라도 '진실'은 그 말을 소리 내어 읽는 것만으로도 참 깨끗하다는 느낌을 준다. 마치 먼 옛날 삼한시대, 하늘에 제사를 지내던 소도蘇塗 같은 신성함이 발음할 때마다 온몸으로 퍼지는 것 같은 단어가 바로 '진실'이 아닐까 싶다. 갈수록 복잡해져 가는 세상이다. 그럴수록 '진실'이라는 힘이 더욱 절실해진다.

대학시절 충격을 줬던 광고 한 편이 생각난다. TV를 통해 보여준 한겨레신문 광고였다. 남자가 주차된 차의 유리창을 내리치고 있었다. 남자는 뭔가에 화가 난 듯 분통을 터트리며 차 창문을 마구 부수고 있었다. 차 주인에 대한 분풀이인지 아니면 화를 참지 못하고 용광로같이 들끓어 버린 속을 마음대로 풀어내는 것인지 알 수 없었지만. 누가 봐도 밉상스럽고 해서는 안 될 행동이었다. 그러나 이윽고 펼쳐지는 반전. 그 남자는 유리창을 부수고 차문을 열어 그 안에서 울고 있는 여자아이를 꺼내 안았다. 극적인 구출 작전 같은 장면이 남자의 난폭한 행동을 일시에 용감한 행동으로 변환시켰던 이 광고의 주제는 '사실'과 '진실'이었다.

당시 창간한 언론사가 사실이 아닌 진실을 보도하겠다는 의지를 이 광고를 통해 보여준 것이다. 남자의 앞부분 행동은 분명 폭력이다. 그리고 그건 보는 그대로 '사실'이다. 하지만 왜 폭력을 써야 했는지 뒷부분의 '진실'을 보여주지 않았다면 그 남자는 비난의 대상이 됐을 것이다.

사실은 늘 보이지만 진실은 간혹, 아니 어쩌면 잘 보이지 않는 것이 지금의 사람살이다. 더구나 미디어가 발전하고 수많은 정보 교류가 이루어지는 현실 속에서 진실을 찾아내기란 실로 어려운 일이다. 분명한 소신과 명확한 역사적 관섬, 세상을 바라보는 올바른 지혜가 있을 때 '진실'은 비로소 보이는 것이다. 박경리 선생은 대하소설 '토지'를 통해 이런 메시지를 우리에게 던져 주었다.

'탐욕은 손에 넣기 쉬워도 진실은 잡기 어렵다. 사람들은 진실을 외면하고 맑은 물줄기에서 탈락한다.' 과연 이 말로부터 온전히 자유로울 수 있는 사람은 몇이나 될까? 진실이 황사 속에 묻혀버리는 4월이다.

"진실은 고통스럽기에 차라리 망각 속에서 안온하게 살고 싶다. 그래서 현대인들은 더 이상 봄비를 기다리지 않는다. 봄비가 내리는 4월은 약간의 생명만 유지하며 망각과 무지에 갇혀 살고 싶은 현대인들에게 가장 잔인한 달이다. 사람들은 아무도 싹을 틔우길 원치 않는데 자연은 재생을 강요하기 때문이다."

그래서 4월은 잔인하다고 한 T.S 엘리엇에게서 그가 생각하는 '진실'을 듣고 싶다.

권력 사용법

 국가로부터 폭력을 당한 사람들은 안다. 그 폭력은 국가가 아니라 국가의 권력을 손에 쥔 위정자들에 의한 것이라는 것을. 그래서 폭력에 노출됐던 사람들은 두려움에 숨죽여 살거나 스스로 권력에 맞서 투사가 되기도 한다. 역사는 권력을 휘두른 위정자들과 권력에 맞서 싸우는 사람들의 반복되는 전쟁 같다. 끊임없이 반복되고 반복되면서 세월은 우리에게 권력과 폭력의 경험치를 전수한다.

 누군가 그랬다. 위정자爲政者는 나쁜 권력자를 지칭하는 것이 아니라 정치인을 일컫는 단어라고. 누가 모르는가. 하지만 우리 머릿속에서 위정자는 국민이 부여한 권력을 국민을 향해 휘두르는 후안무치한 인간들로 저장돼 있다. 그것은 바로 세월을 살아낸 역사가 보여주고 알려준 경험의 산물이다.

 간첩 사건이나 국가보안법 같은 굵직한 사건에 연루되지는 않았지만 나도 국가 폭력의 작은 희생양이다. 세월호 참

사라는 엄청난 일이 일어났을 때 문학관 운영팀장으로 근무했던 나는 희생자들을 추모하기 위해 문학관 야외공원에 노란 추모리본을 달고 추모시가 담긴 시화도 설치했다. 보수 성향의 관장은 못마땅해하며 여러 번 치울 것을 종용했지만 그럴 수 없다고 했다.

어느 날 문화체육관광부 직원 3명이 갑작스레 문학관을 방문했다. 별다른 방문 이유도 없이 문학관을 둘러보고 떠난 후 다른 부서로 발령이 났고 3개월 뒤에 정리해고 됐다. 문학관 경영평가도 잘 받았고 관장이 문체부장관상까지 받도록 성과를 냈는데도 나는 정규직 전환 대신 해고 통지서를 받았다.

억울했지만 소명 절차도 그저 형식에 그칠 뿐 받아들여지지 않았다. 당시에는 정확한 이유를 알 수 없었다. 그 후 겪은 정신적, 경제적 고통은 상당했다. 그리고 몇 년이 지난 다음에야 진실을 알게 됐다. 박근혜 정부에서 예술인들에게 씌웠던 블랙리스트라는 올가미에 걸렸다는 것을. 진상규명위원회에서 조사를 받았다.

하지만 심증은 있는데 물증이 없었다. 블랙리스트에는 전국의 다섯 개 문학관 이름만 명기돼 있을 뿐 개인의 이름은 없었다. 문학관을 블랙리스트에 올리는 정권이라니. 기막혔다. 다만 진상조사 과정에서 당시 정리해고한 과정이 낱낱이 드러났다. 보수성향의 관장과 원로문인들, 문체부의 지시가 한데 모여 재단 이사장의 동의 아래 해고됐던 것이다. 억울하지만 나는 블랙리스트 안에도 들지 못하는 블랙리스트였다.

'국가의 권력은 국민에서 나온다'라는 문구가 제값을 하는 선거가 곧 다가온다. '국민이 직접 선출한 사람들로 구성된 국민의 대표 기관. 국민이 직접 국정을 담당하지 않고, 국민에 의해 선출된 사람들이 대표 기관을 구성하는 대의제를 시행하고 있다'고 백과사전에 나와 있는 '국회'에서 일할 사람을 뽑는 선거다. 막걸리 선거니 고무신 선거니 하며 낯 뜨거운 금품선거도 있었고 투표용지 자체를 바꿔치기하는 부정선거와 깡패를 동원한 폭력선거 등 오점으로 기록된 선서들이 역사적으로 있어 왔다.

그 오점 선상에 있었던 사람들이 여전히 민의를 대변한다며 후보로 나오고 반성은커녕 '못 살겠다 갈아 보자'는 시대착오적 발언을 해가며 국민들의 갈등을 부추긴다. 비례정당제 덕인지 폭행치사에 청소년 강간까지 했던 범죄자들이 후보로 나서는 추악한 꼴을 보이고 있다. 국민 입장에서 볼 때는 '저리 인물이 없을까' 싶다가도 진짜 저런 사람들이 다시 국회에 진출한다면 우리의 미래는 암울하다는 생각에 몸이 떨린다. 이 나라에서 다시는 국가 폭력이 난무하고 나 같은 희생양이 나오지 않기를 바란다.

다시 말하지만 선거는 상식적이고 민주적으로 살아가기 위해 국민의 대표를 뽑는 행위이며 국회의원의 권한은 국민이 주는 것이다. 그 권한을 권력으로 착각하고 국민 위에 군림하려 한다면, 그런 음흉한 욕심을 숨기고 선거에 임한다면 언젠가는 그 민낯이 드러나 스스로가 역사의 오점이 될 것이다. 국민이 부여한 권력 사용법을 제대로 익히고 선거에 임해야 할 것이다.

저항과 변절의 도구

올해는 3·1운동 백 주년이다. 조국 독립을 위해 사람들이 태극기를 들고 만세를 불렀던 3·1운동이 우리 역사에서 소중한 이유는 누군가의 주도가 아닌, 온 국민이 함께 한 시민 혁명이었기 때문이다. 「서시」, 「별 헤는 밤」 등 주옥같은 시를 쓴 윤동주 시인은 3·1운동이 일어나기 전인 1917년 12월 30일 태어나 해방 직전인 1945년 2월 16일 일본 후쿠오카형무소에서 옥사했다. 한 번도 해방공간에서 살아 보지 못한 시인은 그러나 누구보다도 깊은 민족애와 독립에 대한 여망을 가지고 짧은 생을 살았다.

그가 스물아홉의 생에서 가장 치욕스럽게 생각했던 일은 '창씨개명'이었다. 일본 유학 때문에 어쩔 수 없이 선택했던 이름 '히라누마 도오쥬.' 그는 부끄러움과 수치심을 시 「참회록」에 담아냈다. 고종사촌 '송몽규'와 함께 독립운동을 했다는 죄목으로 잡혀 형무소에서 실험용 주사를 맞고 생을 마감했다. 하지만 그의 시는 많은 이들에게 사랑받으며 '윤동주를 사랑하는 모임'까지 생겨났다. 비록 짧은 생이었지만 시로써 억겁의 생명을 얻은 것이다.

윤동주 시인과 같이 일제강점기를 지내온 작가 중에는 일본을 찬양하고 황국 국민으로서 충성할 것을 강요하는 작가들이 있다. 이광수, 최남선, 김동인, 서정주, 노천명, 모윤숙 등등 민족문제연구소에서 발표한 친일 문인만 42명이다. 그들이 썼던 글을 보면 소름이 돋을 지경이다. 천황을 위해 전쟁터에 나가 목숨을 내놓으라거나, 일본군들을 위해 몸을 바치라며 일제에 대한 복종을 강요했다. 그들에게 조국은 일본이었던 것이다.

작가에게 저항과 변절의 도구는 글이다. 민족을 배반하고 젊은이들에게 끔찍한 전장에 나가 목숨을 바치도록 글을 쓴 친일 문인들. 철저한 변절자인 그들은 일본 패망 후에도 부끄러운 줄도 모르고 작가로서 많은 걸 누리며 살았다. 창씨개명으로 부끄러워하며 참회했던 윤동주 시인이 더욱 빛나는 이유다.

일제를 찬양한 문학판 카포Kapo

2차 세계대전 당시 유대인 강제수용소에는 '존더코만도 Sonderkommando'와 '카포Kapo'라 불리는 유대인들이 있었다. 유대인이라는 이유로 수용소에 잡혀 왔지만 다른 이들에 비해 나은 대우를 받았다. '존더코만도'는 수용소에서 잡일을 담당했다. 주로 가스처형실에서 시체를 처리하는 일이었다. 이들은 그 일을 하며 아주 조금 목숨을 연명할 수 있었다.

카포는 존더코만도보다 더 적극적이고 더 구체적으로 나치에 협력했다. 카포는 주로 살인과 강도, 강간 전력이 있는 전과자들로 구성됐다. 이들은 수용소에서 수감자들을 관리했다. 나치 대신 포로들에게 강제 노동을 시키고 행정사무 처리도 맡아 했다. 같은 민족인 수용소 유대인들 위에 군림하며 자기 맘대로 구타와 폭력을 휘두르기도 했다. 당연히 나치의 묵인이 있었다. 수용소 안 유대인들 간 반목과 갈등을 조장하기 위해 계획적으로 만들어진 부류였으니 그들에겐 개인 주거 공간도 주어졌다. 나치와 같은 식사가 제공되고 당연히 체력도 유지할 수 있는 특권이 주어졌다.

이렇게 길러진 체력으로 그들은 유대인들에게 폭력을 휘둘렀다. 나치는 자신들이 원하는 수용소 질서를 유지하고 유대인들끼리 반목하는 데 카포를 철저히 이용했다. 말 그대로 나치의 개로 만들었고 카포들은 충실한 개가 되어 자신의 동족을 물어뜯는 역할을 서슴없이 자행했다.

일제강점기에도 나치의 카포 같은 사람들이 있었다. 창씨개명에 앞장서고 젊은이들을 전장에 몰아세우고 꽃다운 소녀들을 일본군 위안부로 팔아넘기고 독립운동가들을 밀고하고 일본 경찰의 앞잡이가 되어 온갖 나쁜 짓거리들을 했던 사람들. 해방이 되고 그들 중 누군가는 미군정과 독재정권에 아부하며 자신들의 권력을 이어갔다. 그들은 변명한다. '먹고 살기 위해서 어쩔 수 없었다'라고, '독립이 되지 않을 거라고 생각했다'라고, '그 시대에는 그것이 최선이었다'라고. 그것이 결코 민족을 팔아먹은 자들의 변명이 될 수 없음에도 한편에서는 흘러간 과거의 일로만 치부해 버린다.

문학판에도 그런 카포들이 있다. 그들의 펜은 일본의 칼이 되어 동족들을 대동아전쟁의 희생양으로 내몰았고 일제의 비호 아래 권력이 됐다. 해방 이후에는 소위 잘나가는 작가로 존경받으며 교과서에까지 실리는 영광을 누렸다. 그들에게 죗값은 없다. 허울 좋은 문학성으로 무장한 채 그저 그 시대를 대표하는 작가의 발자취로 남아 있다.

작가 김동인은 조선총독부에 찾아가서 자신이 짠 친일 계획을 전하며 적극적인 친일행각을 벌였다. '광명의 원천인 태양의 단순 간결한 표시인 일장기. 국체國體의 위의威儀를 넉넉히 나타내어야 할 것이다. 이런 의미에서 일장기는 가장 우수'하다고 일본을 찬양했다. 그럼에도 모 언론사에서는 문학상을 제정해 지금까지 그를 기리고 있다.

'몸에 가득 아침하늘 햇볕을 받아/공송하게 가지런히 허리 굽혀서/우리 임금 천황폐하 게신 곳을/마음 모아 정성 노아 요배 드리'자는 이광수,

'일본의 명예를 걸고 나간 이여/훌륭히 싸워주 공을 세워주'라는 노천명,

'마쓰이 히데오!/그대는 우리의 가미카제(神風) 특별공격대원'이라고 노래한 서정주,

'허리 굽은 할머니도 기를 흔들어/'반자이' 소리는 하늘에 찼네'라던 이원수 등등.

우리의 언론들은 '과거는 과거일 뿐'이라며 문학적 성과로만 평가하고 문학상으로 그들의 권위를 높이고 있다. 더 슬픈 것은 그런 문학상을 받으려는 작가들이다. 참으로 슬픈 일이다.

역사를 말할 권리

 독일 철학자 한나 아렌트의 '악의 평범성'이 최근 우리나라에서 많이 회자되고 있다. 600만 명의 유대인 학살을 주도한 전범 '아이히만'의 재판을 지켜본 아렌트의 생각을 정리한 글이다. 악행을 저지른 사람이라기에는 너무나 평범한 아이히만을 통해 악은 결코 다르지 않다는 걸 일깨워준다.

 독일과 일본은 똑같이 세계인들에게 전쟁의 상처를 입힌 전범 국가다. 하지만 사과와 반성의 모습은 정반대다. 독일은 전범들을 끝까지 찾아내 그 죄를 물리고 사죄를 위한 보상도 꾸준히 한다. 일본은 전범기인 욱일기를 여전히 사용하고 위안부와 강제징용 피해자들을 인정하지 않는다. 얼마 전에는 우리나라를 화이트리스트에서 제외시켰다. 국가적으로도 비양심적 태도를 취하고 있다.

 역사 인식을 말할 때 단재 신채호 선생의 '역사를 잊은 민족에게 미래는 없다'라는 말이 자주 회자된다. 우리 역사에서 근현대사는 민족이 민족을 유린한 끔찍한 시대다. 독립운동에 평생을 바친 사람들이 해방 후 미군정을 등에 업은 친일 경찰들에게 학살되기도 했다. 시월의 대구에서도 그랬다. 쌀값 폭등으로 굶주린 사람들이 거리에 나와 항의하자 친일 경찰들은 사람들에게 총을 겨눴다. 앞장선 사람들은 이승만 정부에 의해 '빨갱이'로 몰려 몰살당했다. 대구의 가창골에서만 1만 명이나 되는 사람들이 학살됐다.

 '골로 간다'는 말도 거기에서 연유한다. 전국적으로 100만 명이 넘는 사람들이 억울하게 희생됐다. 시월항쟁은 '빨갱이'라는 누명 속에서 오랫동안 침묵 속에 갇혀 있었다. 그러다 유족회의 노력으로 몇 해 전부터 수면 위로 올라왔다. 2016년에는 '10월항쟁 위령사업 지원 조례'가 대구시에서 통과됐다. 대구지역 작가들은 10월문학회를 만들어 문학 안에서 시월항쟁의 진실을 규명해내고 있다. 올해도 어김없이 대구의 시월은 왔다. 대구의 시월은 제주의 사월이고 광주의 오월이다. 이제 대구시민들은 이런 역사를 말할 권리를 찾아야 한다.

진실은 저항한다

 3·1운동 백 주년과 맞물린 휴일이 끝나고 맞이한 3월 첫 주에 미세먼지만큼이나 불편한 뉴스가 포털 검색 1위를 차지했다. 우리나라 거대 언론 집안과 연관된 사건들이다. 여론은 먼지폭풍처럼 휘몰아치며 진실이 무어냐고 아우성친다. 공기(空氣)였던 언론은 일부지만 권력이 된 지 오래다. 한국 사회에서 미세먼지처럼 자욱하게 여론을 흐린 그 문제의 언론이 진실을 알리는 사람들에 의해 본모습을 드러내고 있다. 참 질기게 뻗어온 악의 뿌리다. 그 언론의 역사를 들여다보면 우리 민족 치욕의 역사와도 맞물린다.

 '우리는 대일본제국 신민으로서 천황폐하께 충성을 다하겠습니다'라는 1936년 신년사부터, 윤봉길, 이봉창 의사를 '범인'이라고 칭했던 문제의 언론은 해방이 되고 정권이 바뀔 때마다 카멜레온처럼 색을 바꾸며 권력을 휘둘렀다. 얼마나 많은 진실들이 그 언론의 펜 끝에서 숨을 거두었나.

우리 사회를 병들게 했던 적폐들은 대부분 친일, 반민족 행위에 뿌리를 두고 있다. 해방 이후에도 친일 잔재는 청산되지 못하고 교묘한 논리로 정치적, 사회적 영향력을 행사해 왔다. 언론도 그 책임의 일부임을 부인할 수는 없다. 문제의 언론은 그중 가장 썩은 나무다.

세상에 태풍과 해일이 존재하는 것은 지구 스스로가 자정능력을 가졌기 때문이다. 인간에게는 많은 피해를 주지만 오염물질을 날려 세상을 정화시키고 수자원 확보 등의 역할을 한다. 사람살이도 마찬가지다. 진실의 태풍은 천천히 그 세력을 키우며 제 역할을 충실히 할 것이다. 썩은 나무가 있다면 분명히 쓰러트릴 것이다. 그 자리에 새로운 새싹이 자라나 도도하게 흐르는 역사의 중심에 서 있을 것이다.

사회의 공기를 자처하는 언론이라면 늘 진실을 동반해야 한다. 그렇지 않으면 언젠가 여론의 자정능력에 뭇매를 맞을 것이다. 진실은 진실하지 못할 때 끊임없이 저항한다.

신포도와 여우들 그리고 양치기 소년

 이솝우화에 나오는 '여우와 신포도'는 자기합리화를 이야기할 때 종종 인용된다. 포도를 따먹으려고 안간힘 쓰던 여우가 포도를 먹을 수 없게 되자 '신포도'라고 규정해 버린다. 누군가로부터 무시당했을 때, 여러 상황 속에서 불안과 수치심, 죄책감이 들 때 인간은 자신의 마음이 다치지 않도록 스스로 합리화시키고 보호한다. 바로 방어기제다.

 '여우와 신포도'는 방어기제를 가장 잘 나타낸 우화다. 이야기에서처럼 포도가 신포도인지 단포도인지 먹어보지 않고는 모른다. 여우는 포도를 먹지 못한 아쉬움을 '분명 신포도일거야'라며 달랜다. 아쉬움을 넘어 포도를 평가 절하하고 못 먹는 것이 아니라 안 먹는 것이라고 자신의 무능력을 포장한다.

 만약 여우가 포도를 따려는 또 다른 동물에게 '그 포도는 신포도니 먹지 말라'고 한다면 여우는 거짓말쟁이가 된다. 방어기제로 사용한 신포도가 다른 동물에게 전해지면서 거짓말이 되는 것이다. 이쯤에서 또 하나의 이솝우화인 '양치기소년'이 오버랩 된다. 심심함을 견디지 못해 마을 사람들에게 늑대가 나타났다고 거짓말을 일삼다가 진짜 늑대가 나타나 양을 사지로 몰아넣는 소년의 이야기다.

두 얘기 모두 진실과 관련된 이야기다. 진실과 상관없이 자신의 것으로 취할 수 없게 되자 거짓으로 자기합리화 하는 여우나, 늑대가 나타났다고 거짓말하는 양치기 소년이나 다른 이들의 입장은 전혀 생각하지 않는다. 최근 한 정치인과 그를 둘러싼 여론전을 보면서 오래 묶은 이솝우화가 내내 머릿속을 맴돌았다.

모든 수단을 다 동원해서 신포도라고 정의 내리며 자기합리화에 빠진 사람들이 여우들 같이 보인다. 신포도라고 규정하며 포도에게 진실의 당도를 밝힐 수 있는 기회도 주지 않는다. 자기합리화를 넘어 거짓말로 수많은 신포도를 만들어 낸 여우들과, 믿고 맡긴 마을 사람들에게 거짓말로 재산상의 손해를 입힌 양치기소년이 여전히 많은 세상이다.

말의 온도

"말과 글은 머리에만 남겨지는 게 아닙니다. 가슴에도 새겨집니다."

"뜨거운 언어를 말하는 사람은 시원할지 몰라도 듣는 사람은 화상을 입을 수 있습니다."

출간된 지 3년 만에 150만 부를 돌파한 이기주 작가의 '언어의 온도'에 나오는 대목이다. 한마디 말이 주는 소중함과 절실함이 담겨진 이 책은 '무신견에 내뱉은 말 한마디 때문에 소중한 사람이 곁을 떠날 수 있다'고 조언한다.

요즘 정치권에서 흘러나오는 말들을 대면할 때마다 그들에게 이 작가가 펴낸 '언어의 온도'와 '말의 품격'을 필독하라고 권한다. 그들의 대상은 반대 진영이 아니라 모든 국민들이기 때문이다. 이미 언론을 통해 기사화됐으니 품격 떨어지는 말들을 일일이 소개하지는 않겠다. 국민을 위한 입법기관, 그것도 국민의 투표로 뽑힌 국회의원들이 천박하기 이를 데 없는 말들을 쏟아낼 때, 그 말들이 언론을 통해 여과 없이 흘러나올 때 국민들은 마음을 데인다. 그걸 막말 정치인들은 인식이나 하고 있을까? 국가의 품격을 떨어트리는 정치인들의 막말 정치에 국민들은 지친 지 오래됐고 일말의 기대감마저 사라졌다.

정치인이란 국민을 대신해서 정책을 세우고 제도를 만들고 모두가 함께 잘사는 길을 모색하는 자리다. 그래서 국민은 힘들게 번 돈을 쪼개서 세금을 내고 그 돈의 일부가 정치인들의 월급이 되는 것이다. 언제까지 정치인이 권위주의에서 벗어나지 못하고 국민을 무시하며 정치를 권력으로 생각할까.

이제 곧 선거철이다. 정치인들은 자기가 속한 선거구를 돌며 90도로 인사하고 유권자들에게 한 표를 부탁할 것이다. 올바른 정치인으로 국민을 대변하겠다고 온갖 말로 유권자들의 마음을 움직이려 할 것이다. 하지만 국민은 이미 그들이 한 말을 기억한다. 그들이 뱉어낸 낯 뜨거운 말들이 국민들을 얼음장처럼 차갑게 만들고 마음의 문도 닫게 한다는 걸 정치인들은 알아야 한다.

"뭘 좀 멕여야지"

오래전 본 영화 〈웰컴 투 동막골〉은 기존의 분단을 다룬 영화들과는 달리 독특하고 즐겁고 인간미 넘치는 영화로 기억된다. 전쟁이 난 줄도 모르고 오로지 자연에 맞춰 순박하게 사는 사람들의 모습이 영화 보는 내내 미소 짓게 했다. 그 평화로운 모습에 실제 저런 마을이 있다면 가서 살아 보고 싶었다. 풀썰매를 타고 팝콘이 터지고 풍등이 날아가고 나비가 나는 즐겁고 환상적인 영상으로 재미가 쏠쏠했던 영화다.

하지만 가장 주목했던 장면은 인민군 대장이 "고함 한 번 지르지 않고 마을 사람들을 휘어잡을 수 있는 비결이 뭐냐"라고 동막골 촌장에게 물었을 때 "뭘 좀 멕여야지"하는 대답이었다. 정말 무릎을 치게 하는 촌철살인의 최고봉. 촌장이 말하는 지도자의 덕목은 마을 사람들을 배곯지 않게 골고루 잘 먹이는 것이다. 어떤 이념도 중요치 않고 남이니 북이니 경계와 차이도 중요하지 않다. 사람이기 때문에 먹는 게 제일 중요하다는 단순한 진리를 지도자로서 아는 것이다. 동막골 사람들은 함께 농사짓고 함께 수확하고 함께 나눈다. 누구는 적게 주고 누구는 많이 주는 지위고하地位高下도 없다.

얼마 전, 방송에서 스웨덴의 정치를 통해 우리나라의 정치 방향을 제시하는 다큐멘터리를 봤다. 세계 최고의 복지국가로 '복지국가는 진정한 민주주의를 꽃피울 수 있다'는 스웨덴 정치인들의 철학이 담긴 프로그램이다. 모든 국민이 의료 혜택과 실업수당, 무료교육, 노후연금 등을 받는 완벽한 사회보장제도로도 유명한 스웨덴에서는 78살의 원로 정치인도 국회에 온 손님에게 커피 대접을 직접 한다.

23년간 최고 권력에 있다가 임기 중임에도 스스로 물러난 '타게 엘란데르' 전 총리는 국민의 세금으로 운영되는 총리 공관을 마다하고 임대주택에서 살았다. 여러 겹 덧댄 그의 신발 밑창은 그가 얼마나 근검절약하는 사람인지 알 수 있다. 스웨덴 정치인들이 가장 존경하는 정치인인 전 스웨덴 총리 '잉바르 칼손'은 말한다.

"권력은 중요하지만 목적이 돼서는 안 된다. 권력은 나라를 어떤 방향으로 발전시키기 위해 개혁하는데 필요한 것"이라고.

권력은 빌린 것이라며 그는 스스로 총리를 그만뒀다. 마치 빌린 것을 제 자리에 갖다 놓듯이.

　우리는 오랫동안 권력에 빠진 우리나라의 정치 군상들을 보아왔다. 국민들이 부여해 준 권리를 오히려 국민 위에 군림하는 권력으로 사용해 왔다. 국회는 권력 쟁탈장이 된 지 오래고 선거는 권력을 잡기 위해 넘어서야 하는 지뢰밭처럼 생각한다. 국민들은 민주정치를 요구하며 눈높이가 높아졌는데, 구태의연한 정치인들은 여전히 국민을 기만하고 보이는 곳에서만 굽신거리는 비굴한 모습을 보인다.

　공자는 이상적인 정치를 '백성의 믿음과 구성원들의 화합이며 부의 총량이 중요한 것이 아니라 조화로운 분배가 화합과 신뢰를 이루는 것'이라고 했다. 차별을 두지 말라는 것이다. 하지만 이제 국민들은 정치인들을 차별할 것이다. 역사를 통해 무엇이 국민을 위한 길인지 충분히 학습한 국민들은 이로운 정치인들이 누구인지 선거를 통해 판단할 것이다.

2부

니나를 위한 노나메기

니나를 위한 노나메기

 말로써 5천 년을 넘게 이어왔는데 우리말이 참 생경스럽다. 말은 입에서 입으로 전해지고, 사는 방식과 주어진 환경에 따라 그 뜻이 있기 마련이다. 한 아침방송을 통해 들은 '니나'라는 말이 '민중'이라는 순우리말이라니, '아'하는 감탄사가 절로 나온다. 통일운동가 백기완 선생이 10년 만에 탈고하고 출간한 소설 '버선발 이야기'다.

 백기완 선생은 1964년 한일회담 반대운동을 시작으로 평생을 통일운동과 시민운동에 바쳐왔다. 백범사상연구소와 통일문제연구소 등을 설립해 자주적인 겨레의 정신을 잃지 않고 잊지 않도록 노력해 온 분이다. 『장산곶매 이야기』,『우리 겨레 위대한 이야기』,『백기완의 통일 이야기』 등을 저술한 선생은 1932년생이다. 올해로 여든일곱의 나이에 소설집을 낸 것이다.

 선생이 쓰는 언어들은 대부분 순우리말이다. 한 살매(일생), 달구름(세월), 말뜸(화두), 바랄(희망), 땅별(지구), 온이(인류), 누룸(자연) 등등 듣는 순간, 잃어버린 소중한 것을 찾은 듯 미소가 자신도 모르게 흘러나온다. 책 제목인 '버선발'은 '맨발, 벗은 발'이라는 뜻으로 '버선발'이라는 아이가 세상을 겪으며 자유와 희망을 일궈가는 과정을 담아냈다. 평생 부조리하고 비인간적인 권력과 부패에 맞서 싸운 선생은 꿈꿔온 '다 같이 잘살되 올바로 잘사는 세상'인 '노나메기'를 이야기로 풀어낸 것이다.

우리 땅에서 낳았으니 우리말과 우리 것들을 소중히 여기고 함께 더불어 살아야 하는 것이 사람살이의 이치가 아니겠냐는 선생에게 세상은 이념의 잣대를 들이대기도 했다. 18년 군사정권이 막을 내리던 때, 보안사령부로 끌려가 82kg이던 몸이 30kg이 될 징도로 모신 고분을 당했다. 그런 핍박을 견디며 지금까지 겨레 정신을 지켜온 선생은 자서전 같은 이야기를 고운 겨레말에 담아 세상에 내놓았다. 감히 기쁘고, 감사하다. 이렇게 소중한 또 하나의 우리 것을 지켜낸 것이다.

인디언의 기도문

인디언들은 스스로 자연이 되어 살아온 사람들이다. 만물의 영장이라며 산을 깎고 물길을 바꾸고 강을 막아서는 사람들에게 "자기 조상이 묻힌 대지를 아끼고 사랑하지 않는 사람은 들짐승보다 못한 자이다"라고 꾸짖었다. 대지는 어머니의 품이고 그 위의 모든 것이 책이며 스승이고 선한 세계로 인도하는 성직자라고 믿는 그들은 자연 앞에서 늘 겸손했다.

자연을 바라보는 인디언의 시각이 잘 드러나 있는 것이 열두 달 이름이다. 부족마다 다른 이름으로 붙인 달 이름은 그 자체가 자연에 순응하고 어울리겠다는 인디언들의 철학이다. 아리카라족의 1월인 '마음이 깊은 곳에 머무는 달'에서 아라파호족의 4월 '한결같은 것은 아무것도 없는 달'과 5월 '오래전에 죽은 자를 생각하는 달', 크리크족의 7월 '열매가 빛을 저장하는 달' 퐁카족의 12월 '무소유의 달'까지 그들의 삶은 지구촌의 빛나는 시였다. 시처럼 빛나던 인디언들은 땅따

먹기 하듯 깃발을 세우고 자신들만의 문서를 주고받으며 자본의 탑을 세운 사람들에게 짓밟혔다.

인디언 호피족 추장이었던 케웬합테와는 '얼굴 흰 사람들을 위한 기도문'을 통해 백인 침략자들을 영적으로 굴복시켰다.

"할아버지 위대한 정령이시여, 얼굴 흰 사람들을 축복하소서. 그들은 당신의 지혜와 인내가 필요합니다. 그들은 너무도 오랫동안 우리 인디언들을 없애려고 노력해 왔습니다. 그들은 힘이 주어졌을 때만 안심을 합니다. 그들을 축복하소서. 그들에게 우리가 이해하는 평화를 보여주소서. 겸허함을 가르치소서. 그렇지 않으면 그들이 언젠가는 그들 자신과 그들의 아이들까지 파괴할까 두렵기 때문입니다. 어쨌든 그들은 우리의 형제들이니까요."

36년간 이웃나라를 무력으로 지배하고도 뉘우침 없이 다시 경제전쟁의 서막을 여는 일본 아베정권과 반일감정을 위험한 것으로 치부하는 일부 사람들에게 인디언의 기도문을 전하고 싶은 날들이다.

리더

 매화에 이어 벚꽃이 연분홍 꽃잎을 부끄럽게 내밀던 날, 꽃샘추위로 쌀쌀해진 밤기운을 뚫고 '오페라 갈라 콘서트'를 보러 갔다. 한 지역방송 개국 50주년을 기념해 열린 콘서트로 우리에게 잘 알려진 지휘자 금난새 씨가 지휘를 맡았고 남녀 성악가가 나와 베르디의 오페라 '라트라비아타'의 하이라이트를 들려주었다. 금난새 씨는 다소 딱딱할 수도 있어 일반인들은 잘 접하기 힘든 오케스트라 연주를 아주 편안히 관람할 수 있도록 해주었다.

 연방 미소를 잃지 않는 모습으로 관람객들에게 그가 곡을 해설해 주면 이윽고 오케스트라 단원들은 멋진 연주를 들려주었다. 2시간 동안 이루어진 행복하고 안온한 콘서트였다. 연주가 끝나자 그는 관객들에게 앙코르곡을 준비했다고 했다. 관객들의 앙코르 요청이 있기 전에 그가 선수(?)를 친 것이다. 하지만 그 모습이 오히려 그에 대한 친근감으로 다가

왔다.

앙코르곡 중 한 곡은 9년간 몸담은 오케스트라를 그만두고 남편을 따라 브라질로 떠나는 한 단원을 위해 연주됐고, 한 곡은 다른 오케스트라로 자리를 옮기는 또 다른 단원을 위한 것이었다. 그리고 마지막 한 곡은 개국 50주년을 맞은 방송사를 위한 곡이었다. 앙코르곡 하나까지도 세심한 의미를 담아 챙기는 그의 탁월함에 감탄하며 열렬한 박수를 보냈다. 모든 단원들이 관람객의 박수를 받으며 떠날 때까지 자신도 무대의 중간에서 박수를 치며 단원들의 모습을 바라보았고 완전히 단원들이 퇴장했을 때에야 비로소 인사를 하고 무대 밖으로 나가는 것이었다. 이날 콘서트는 아름다운 지휘자, 아니 아름다운 리더의 모습을 그대로 보여준 멋진 공연이었다.

카리스마 내뿜는 지휘자도 좋은 연주를 이끌어 낸다. 하지만 이날의 공연에서 단원들을 가족처럼 챙기고, 단원들의 뒷모습을 끝까지 보며 박수를 보내고, 이후 마지막까지 자리를 정돈하는 그의 낮은 자세가 진정한 리더인 지휘자의 모습을 보임으로써 그 감동이 더 진해졌다. 개인이 아무리 잘해도 혼자 큰 소리를 내면 전체 화음이 깨지고, 어느 것 하나 튀지 않으면서도 적절하게 각 악기의 특성을 잘 살려서 멋진 화음을 내야 하는 오케스트라를 이끌어가듯이 우리 사회에도 그런 리더가 많았으면 좋겠다는 생각을 했다.

못했다고 윽박지르기보다는 왜 그런 결과가 나왔는지 직원의 입장에서 이야기를 들어보는 리더, 직원들이 재능을 최대한 발휘할 수 있도록 조직을 사랑하고 감싸주는 리더, 자신의 잣대로 모든 것을 재지 않고 더 낮은 자세로 임하고 그러면서도 모든 상황을 통찰하는 리더 말이다. 이날 콘서트는 '감동의 화음을 내는 오케스트라의 아름다운 지휘자처럼 사람들에게 감동을 주는 아름다운 리더가 많아졌으면 좋겠다'라는 생각이 들게 해 준 봄날의 선물이었다.

개 같은 인생

〈개 같은 내 인생〉이라는 영화가 있다. 그 제목 때문에 영화를 보지 않았다. 바보 같은 생각이었다. 그때 삶은 딱 그 수준이었다. 나이를 먹는다는 건 그 원인이 다분히 내 스스로에게 기인한다는 걸 알아가는 길이기도 하다. 우리가 개의 삶을 얼마나 알겠는가? 본능에 한없이 충실한 '개'를 왜 궂은 인생에 비유했을까? 그런데 말이다. 이건 비유해야겠다는 생각이 최근에 들었다. 개에게는 무지 미안한네 말이다.

한 정치인의 도를 넘어선 막말은 울화를 넘어 토악질이 나온다. 정치를 그가 왜 하는지 모르겠다. 개인의 영달, 권력에 눈이 어두워 그 자리가 옛날 정승, 판서처럼 위세만 떨칠 뿐 국민들은 개, 돼지 취급하며 당파싸움하듯 뭐든 들이대는 그 천박함에 진저리가 난다. 거기에 가세한 한 목사의 '하야' 발언과 감방 운운하는 작태는 눈을 뜨고 볼 수가 없다.

지성인이라고 할 수 있는 언론인들의 보수성은 더하다. 모

언론사 사설을 보니 과거 이명박, 박근혜 정권 시절에는 물고 빨아서 도저히 낯간지러워 볼 수 없었던 아부성은 어디 가고 말도 되지 않는 논리로 날선 칼만 들이댄다. 그들의 모습에서는 벌겋게 충혈된 눈과 험악하게 터지는 침과 얼굴의 경련이 보이는 듯하다. 거기에서 정의를 향한 결기는 도저히 찾아볼 수가 없다.

잘못된 것은 바로 잡아야 하는 게 당연하다. 그러나 그들이 정말 잘못된 것을 바로 잡기 위해 그런 행동을 하는 것일까? 아니? 아니다. 오랫동안 겪어왔다. 사람들이 부조리한 정권에 맞서 현재도 내놓고 미래도 내놓고 몸 바쳐 싸울 때 그들은 호의호식했다. 정권에 아부하며 국민들을 궁지로 몰아세웠다. 그런데 지금 국민들이 어렵게 쌓아놓은 토대에서 망나니처럼 투정을 부리고 있다. 정말 개에게는 미안하지만 개만도 못하다. 그들의 말은 그저 으르렁거리고 컹컹 짖기만 하는 개의 소리처럼 무슨 말인지 도통 알아들을 수가 없다.

누가 옳고 누가 그른지 무 자르듯이 판단할 수는 없다. 모든 것이 완벽할 수 없으며 지금의 정권도 다 잘하는 것은 아니다. 어떤 부분은 잘못된 길로 가는 것도 있다. 또 어떤 것은 그간의 잘못된 것을 바로 잡기 위해 시간이 걸리는 것도 있다. 문제들은 정확히 비판하고 기다려 줄 것은 기다려 주고 조언을 끊임없이 해줘야 한다. 그게 공동체사회의 구성원들이 해야 할 일이고 덕목이다.

그런 것도 없이 무조건 물고 늘어지는 천박한 모습은 정말 짜증 난다. 더 이상 뉴스를 보며 개만도 못한 인간들이란 말이 튀어나오도록 하는 일이 없었으면 좋겠다. 제발!

"정말 속 시끄러워서 못 살겠다. 부끄러운 줄 알아야지"

'개'만도 못하다는 말

 '똥을 먹는다고 똥개가 아니다. 도둑이 던져주는 고기를 먹는 개가 똥개다.'

 문장 하나가 머리를 세게 후려칠 수도 있다는 경험을 살면서 몇 번쯤이나 할까? 가슴이 뜨거웠던 젊은 시절이야 무수했다. 더구나 대학을 다니던 1980년대 중후반은 시국이 시국인지라 소신 있는 작가들의 일갈도 많았으니 말이다.

 요사이 김훈 작가의 소설 『개-내 가난한 발바닥의 기록』을 다시 읽으면서 새삼 '개만도 못하다는 말'의 의미를 되새겼다. 이미 전작 『칼의 노래』에서 한 인간으로서 고뇌하는 이순신을 포착해 낸 바 있는 작가는 『개-내 가난한 발바닥의 기록』에서도 여지없이 삶의 다양한 질감을 담담하게 성찰해 냈다.

 수몰 지역에서 태어나 어촌에서 살아가는 수컷 진돗개 '보리'를 통해 본 세상을 섬세하게 묘사했다. 특히 '보리'가 그려

내는 '개'답게 사는 법과 어떤 모습이 인간다움의 모습인지 인지하는 통찰력의 깊이는 대단하다.

사람들이 말하길 '사람이 짐승과 다른 점은 사람의 도리를 알기 때문'이라고들 한다. 본능에 충실한 짐승들이야 배고프면 먹고 똥이 마려우면 누가 보든 아무 데서나 싼다. 나쁜 것이 아니다. 삶의 본능에 충실할 뿐이다. 새끼가 어미를 잡아먹는 살모사의 생태적 본능을 인간의 시각으로 판단해서 나쁘고 잔인하다고 하는 것도 사실 자연의 이치에는 맞지 않다.

똥개가 똥을 먹는 것은 당연하다. 하지만 똥개에게도 넘지 말아야 할 선이 있다. 주인집에 침입한 도둑이 던져주는 고기를 먹지 말아야 하는 것이다. 도둑이 들었다는 신호를 주인에게 알려야 한다. 목청이 터지도록 우렁차게 '컹컹' 짖어야 한다. 그리고 으르렁거리며 도둑질을 못하도록 경계해야 한다.

사람이든 개든 지켜야 할 도리가 있는 건 분명하다. 정치인들의 막말 릴레이, 종교인의 도를 넘어선 행보, 민생은 안중에도 없이 힘겨루기에 빠진 국회 등등 일련의 일들로 울화가 치밀 때 한 소설가의 빛나는 문장을 만났다. 그 속에 녹여진 것들이 얼마나 많은지 막혔던 속이 뻥 뚫린다. 제발 인간의 도리와 예의는 지키며 살자.

세상에서 가장 아름다운 단어 '엄마'의 오독

 살면서 늘 그리운 단어가 있다. '엄마'라는 말. 다 큰 내가 여전히 '엄마'하고 부르면 고향에 계신 엄마는 한순간 달음박질로 벌써 눈앞에 와 계실 거 같다. '엄마'라는 말을 할 때마다 기억은 순간 이동하듯 **빠르게 내달린다**. 그리움으로 소환되는 엄마. '엄마'는 그저 한마디의 말이 아니라 이미 사랑이다. '나'는 사랑의 씨앗을 열 달 동안 정성껏 품고 존귀한 생명으로 키워낸 엄마의 새끼다. '엄마'는 누구에게든 세상에서 가장 특별하고 아름다운 존재다. 그래서 작가들은 그리운 엄마를 작품 안에 담아낸다. 하나의 사모곡이다.

 하늘나라에 가 계시는/엄마가/하루 휴가를 얻어 오신다면/아니 아니 아니 아니 /반나절 반 시간도 안 된다면/단 5분/그래, 5분만 온대도 나는/원이 없겠다/얼른 엄마 품속에 들어가/엄마와 눈맞춤을 하고/젖가슴을 만지고/그리고 한 번만이라도/엄마!/하고 소리 내어 불러보고/숨겨 놓은 세상사 중/딱 한 가지 억울했던 그 일을 일러바치고 엉엉 울겠다. (아동문학가 정채봉 작가의 시 「엄마가 휴가를 나온다면」 전문)

 엄마에 대한 작가의 그리움이 절절히 묻어나는 작품을 읽다 보면 어느새 엄마를 떠올리며 눈시울을 붉히게 된다.

 '엄마'는 세상에서 가장 아름다운 말이다. 자칭 '엄마부대'니 하며 일본 제국주의에 짓밟혀 젊음을 잃고 평화를 잃은 강제징용 피해자, 위안부 할머니들에게 생채기 내는 일은 절대 할 수 없는 존재라는 말이다. 일본의 경제전쟁 선포에 맞서 제2의 독립운동하듯 진 국민이 애국심으로 똘똘 뭉칠 때, 우리의 대통령보고 일본수상 아베에게 사죄하라고 막말하는 얼빠진 그들이 쓸 단어가 아니라는 말이다. 그들이 '엄마'라는 단어를 오독하는 것을 이 땅의 '엄마'로서 용서할 수가 없다.

어미는 몸으로 자식을 기억한다

부혜생아 모혜국아父兮生我 母兮鞠我, '아버지 날 낳으시고 어머니 날 기르시니.' 명심보감 효행 편에 나온다. '어떻게 남자가 아이를 낳나요?' 이런 질문을 자주 불러내는 대목이기도 하다. '아버지는 아기씨를 준 근원根源이라는 걸 알고서야 무릎을 쳤던 대목. 아버지건 어머니건 부모가 핏줄인 자식을 제 몸처럼 살피고 아끼는 건 당연하다고 이해했던 구절이다.

어미는 몸속에서 열 달 동안 자식을 키워낸다. 아비가 준 작은 씨앗을 자신의 몸 안에 들여 뼈를 만들고 핏줄을 이어가고 살집을 키워낸다. 그렇게 만들어진 다리와 손으로 자식은 어미의 배를 차고 만지고 간질이기도 한다. 눈을 말똥거리고 냄새도 맡고 입술을 오물거린다. 자식은 어미의 생각도 새겨 넣는다. 어미가 울면 몸을 움츠리고 웃으면 따라 웃는다. 열 달 동안 제 몸속에 어미를 새겨 넣는 존재가 자식이다. 그렇게 한 몸이었던 어미와 자식은 탯줄을 끊고 나서야 둘이 된다.

 태어나면 부모가 함께 자식을 보살피지만 태어나기 전 열 달은 온전히 어미와 자식 둘만의 시간이다. 세상에 나와 배우는 첫 말도 '엄마'니 그 끈끈한 관계를 누구도 부인할 수 없다. 어미는 몸으로 자식을 기억하기 때문이다. 그런 자식을 잃었을 때, 어미들은 자신의 몸 하나가 떨어져 나가는 고통을 감내해야 한다. 어느 누구도 그 고통에 대해 크다 적다 할 수 없다. 더욱이 그것이 막을 수 있는 사고였다면 말이다.

 '해인이법', '하준이법', '민식이법', '태호-유찬이법' 등 어린이생명안전법 뒤에는 한 몸이었던 자식을 잃은 어미들이 있다. 자신들과 같은 슬픔이 반복되지 않았으면 하는 간절한 소망으로 다른 아이들이 똑같은 사고에 노출되지 않게 해 달라며 어미들이 국회의원들 앞에서 무릎을 꿇었다. 제발 법안을 처리해 달라고. 자식을 기억하는 몸들이 읍소하는 모습을 보며 순간 몸의 기억들이 울컥 몸밖으로 품어져 나왔다. 국민을 대변한다는 그들에게는 그 기억이 없는 것일까? 분노와 궁금증도 함께 품어져 나왔다.

품격의 조건

숨 쉬는 생명들에게 집은 삶을 영위하는 가장 중요한 기반이다. 나무나 풀 등 식물들이야 나고 자란 곳이 곧 자신의 집이지만 동물들은 각자의 조건에 맞게 집을 짓고 산다.

아프리카 흰개미는 6미터나 되는 집을 짓는다. 축축한 땅에 환기통과 배수구, 굴뚝까지 갖추고 먹이인 버섯까지 재배한다. 새끼를 기르는 육아실과 먹이 저장 창고와 침실까지 있다. 아메리카 평원에 사는 '프레리도그'는 땅굴을 파고 무리를 지어 산다. 서로 쓰다듬고 털 고르기를 하며 사회적 관계를 유지하는데 가끔 빈집에는 올빼미가 들어와 살기도 한다. 종족이 함께 살아가는 최적의 조건을 갖춘 그들의 집은 단 하나도 누군가의 명의로 된 집이 없다. 그저 함께 살아가는 공동의 보금자리다. 진정한 마을공동체를 이루며 사는 것이다.

최근 한 국회의원이 특정지역에 다수의 건물을 사들여서 여론의 도마 위에 올랐다. 도심공동화로 낡고 버려진 적산가

옥을 리모델링해서 도심을 살리려 했다는 그의 주장과 친인척을 끌어들인 투기라는 주장이 연일 맞서고 있다. 특정 언론이 단독으로 터트린 뉴스 뒤에는 언론사 모기업이 건설사라는 뒷말도 무성하다. 사실상 문화재 지정으로 아파트를 지을 수 없게 되자 그런 뉴스를 흘려 여론화했다는 이야기도 흘러 다닌다.

당시 야당 원내대표는 굳이 그 지역까지 내려가 현장을 둘러보곤 엄연한 투기라며 여론전쟁에 불을 댕겼다. 서울의 강남 아파트 한 채 값도 안 되는데 무슨 투기냐며 옹호하는 파와 그 지역을 보호하는 입법을 먼저 했어야 했다는 파가 SNS상에서 논쟁을 벌였다. 여론은 양쪽의 설전을 전파하는 주파수 역할을 하며 새해 벽두부터 설왕설래 시끄럽다.

월수입의 3분의 1을 월세로 내고, 1억이 넘는 전세 대출금을 갚기 위해 밥 한 끼도 맘대로 먹지 못하는 대부분의 사람들에게 이번 논쟁은 진실과는 상관없이 듣기조차 싫다. 특히 살 집이 없어 결혼도 포기하는 젊은 세대들에게는 상대적 박탈감만 안겨준다. 함께 사는 터전인 땅에 선을 긋고 집을 짓고 '니땅내땅'하는 사람들보다 각자의 조건에 맞춰 함께 더불어 사는 동물들이 훨씬 품격 있다는 것을 느낄 때가 더 많아졌다.

닭의 오덕五德

 말귀를 알아듣지 못하거나 어리석은 사람을 가리켜 흔히들 '닭대가리'라고 한다. 이 놀림의 기저에는 그 사람을 깔보거나 얕잡아 보는 감정이 담겨있다. 사람들은 좀 모자란다 생각하면 비슷한 동물에 비유하며 놀림감으로 삼곤 한다. 어르신들 말대로 참 버릇없는 짓이다. 사람의 기준으로만 판단하고 그 잣대를 들이대니 동물 입장에서는 얼마나 기막힌 일일까 싶다. '닭대가리'라는 말로 예를 들어보자. 과연 사람이 닭보다 나을까?

 닭은 세계 어디에서나 가장 빨리 눈을 뜨고 목소리로 아침을 알려준다. 참 부지런한 천성을 가졌다. 또 닭은 먹어야 될 것과 먹지 말아야 할 것들을 충분히 헤아리며 배를 채운다. 배가 부르면 다른 닭의 모이를 빼앗지 않는다. 닭뿐 아니라 다른 동물도 마찬가지다. 그저 자기가 먹을 만큼만 먹는다. 알을 낳으라고 다그치지 않아도 매일 알을 낳는다. 닭에게 알은 일종의 생산이다. 사람들은 닭에게서 얻은 달걀로 다양한 요리를 한다. 달걀은 많은 영양소를 가지고 있어 완전식품으로도 불린다. 주인이 달걀을 가져갈 때 닭은 주인을 알아보고 절대 쪼지 않는다. 주인의 품을 아는 것이다. 자기가 살고 있는 닭장과 주인을 알아보고 절대 다른 닭장을 넘보지 않는다. 닭에게도 온화, 양순, 공손, 검소, 겸양의 오덕五德이 있는 것이다. 하물며 사람이 닭만도 못하면 '닭대가리'라는 말도 아까운 거다.

살다 보면 그런 사람들이 자주 보인다. 시대를 읽지 못하고 과거의 관습에 빠진 사람들. 여전히 자기주장만 옳은 거라며 우겨대는 사람들, 국민은 안중에 없고 악취 나는 말만 뱉어내는 사람들. 그들이 하는 말들은 닭똥보다 더한 냄새를 풍기며 세상을 역하게 만든다. 그런 막말들은 국민들에게 정치 혐오를 주려는 의도로 밖에 보이지 않는다. 그들에게 완전식품을 생산하는 닭의 반이라도 닮아볼 것을 감히 권한다.

불을 훔친 욕망

언제부턴가 새해의 시작점이 되면 전 세계 주요 도시가 불꽃을 터트린다. 새해를 자축하는 인간들의 불꽃놀이는 불을 훔쳐 독수리에게 간을 쪼아 먹이는 형벌을 당한 프로메테우스에 대한 감사의 의식처럼 느껴지기도 한다. 그로 인해 인간들은 문명을 밝히고 문화적으로 살아가니까. 프로메테우스가 무서운 형벌을 견디며 인간들에게 문화의 시대를 열어줬으나 인간들은 과연 문화적으로 살아가는가? 오히려 불을 훔치게 한 욕망이 DNA 안에 내재돼 있는 건 아닐까?

새해가 되면 기대하는 것들도 많아진다. 그것이 욕망에서 비롯된 것이든 상식이 통하는 세상을 위한 정의로운 것이든 각자의 입장에서 좀 더 나아지기를 기대하지만 매년 지내봐도 쉽지는 않다. 올해는 기해년 황금돼지띠가 주는 상징성이 있음에도 분위기는 차분하다 못해 암울하다. 새해부터 기초자치단체 군의원이 캐나다까지 날아가 가이드 폭행까지 하는 추태를 부렸다는 소식이 날아들었다.

여야도 여전히 서로 다른 이전투구로 국민들의 발목을 잡고 있다. 유력 정치인의 소환과 법조인의 사법 처리 문제도 앞두고 있다. 컬링에 이어 대한민국 체육계의 민낯을 드러낸 또 하나의 사실이 쇼트트랙에서 드러났다. 모두가 욕망을 이기지 못한 결과다.

올해는 돼지도 그냥 돼지가 아닌 황금돼지해다. 황금은 물질적인 의미도 있지만 영원히 변하지 않는 가치를 나타내기도 한다. 행운과 복을 부르는 동물과 변하지 않는 가치를 가진 기해년에 우린 무엇으로 살 것인가? 숫자 '1'은 무엇이든 만들어 낼 수 있는 가능성을 가진 의미를 지니고 있다. 이처럼 모든 것이 충족돼 있는데 우린 어쩌면 불을 훔친 욕망에 민 사로잡혀 있는 건 아닐까?

3부

벽을 넘는 담쟁이들

슬픔의 차이는 없다

 얼마 전, 작은 도움을 드린 한 분에게서 전화가 왔다. 오랜만에 안부를 묻고 소소한 일상의 말들이 오갔다. 이윽고 핸드폰을 통해 나직하게 전해지는 말이 발끝에서부터 소름을 만들며 온몸으로 번졌다.

 "선생님, 저 죽고 싶어요."

 아, 속을 몇 번이나 훑어낸 말이 그분에게 얼마나 많은 상처를 냈을까?

 "어머니, 그러시면 안 돼요. 아이 몫까지 살아내셔야 해요."

 그분의 상처가 전이돼 내 속까지 훑어내는 듯했다. 세월호 참사로 딸을 잃은 어머니는 한 정치인의 막말이 비수처럼 가슴을 내내 찌른다며 결국 울음을 터트렸다. 남들에게는 오래된 일들이 자신에게는 어제 일처럼 선명하고 하루도 제대로 잠들 수 없다고 했다.

 우리에게 봄은 유독 슬픔이 많은 계절이다. 마치 보리고

개처럼 넘어서기가 힘들다. 4·3, 4·16, 5·18 지나고 시작되는 6월에는 급기야 전쟁의 상처까지 드러난다. '동족상잔의 비극' 필체가 선명하게 박혀버린 6·25전쟁. 가족이 흩어지고 부모를 잃고 자식을 잃고 민족이 민족의 몸에 총구를 들이대는 비극은 분단으로 이어졌으니 말이다.

국방부 군사편찬연구소 기록에 의하면 6·25전쟁 희생자는 남북한 합쳐 137만 4,195명이다. 1950년 6월 25일부터 3년 1개월 2일 동안 인구의 1/5이 희생됐다. 지난 6·25전쟁 69주년에도 희생자 가족들은 묻어뒀던 슬픔으로 목메였을 것이다.

먼 이국의 전쟁터에서 젊음을 던진 유엔군도, 적의 입장으로 내려와 총알받이가 된 중공군도, 전쟁이 나지 않았다면 남쪽 처지의 가정을 꾸릴 수도 있었을 북한군도, 조국을 위해 싸우다 포화 속에서 산화한 우리의 젊은 군인들도, 그들의 아버지와 어머니와 누나와 형, 동생들도 행복한 삶의 권리를 빼앗긴 전쟁의 희생자들이다. 그런데 간혹 이념의 잣대를 들이대며 정치적으로 이용하는 사람들을 보면 가슴 아프다. 누구의 슬픔이든 슬픔은 차이가 없는데 말이다.

울지 않고 날지 않는 새처럼

 스물일곱 살부터 울지 않고 날지 않는 새처럼 산 사내가 있다. 제주도 4·3의 역사를 가슴에 품고 진실의 폭탄을 제조한 사내는 30여 년 숨죽여 살았다. 사내에게 제주도는 '헛바닥을 깨물 통곡 없이는 갈 수 없는 땅'이고 한라산은 '발가락을 자를 분노 없이는 오를 수 없는 산'이다.

 해방의 기쁨을 안고 3·1운동 기념식에 참여한 사람들에게 총을 겨누고 목숨을 앗아가면서 시작된 제주 4·3항쟁. 사내는 제주사람 김봉현 씨가 일본으로 밀항한 후 써 내려간 『제주도 피의 항쟁사』를 토대로 장편서사시 「한라산」을 썼다. 그 일로 혜광고 후배인 박종철 열사처럼 남영동 대공분실에서 물고문을 당했다.

 고교 시절, 안도현 시인과 함께 학생 문사로 이름을 알리고 문학 장학생으로 대학에 들어갈 만큼 장래가 촉망됐던 사내에게 시집 『한라산』은 '언제나 진실만 말해야 한다는 멍

에고 천형'이다. 그럼에도 작가라면 스스로 부끄럽지 않고 비겁하지 않게 살아갈 작품을 쓰는 것이 최선이라 생각한 사내는 스물일곱 자신의 선택을 후회하지 않는다.

당시 미국 펜클럽 회장 수잔손탁 여사의 구명운동으로 1990년 석방된 사내는 『한라산』 2집을 준비하기 위해 제주도에 들어간다. '같은 인간의 짓이라고는 상상조차 할 수 없는 끔찍한 만행'이자 '인간이 얼마만큼 인간이기를 포기할 수 있는지를 철저하게 보여준' 4·3항쟁을 생존자들의 증언으로 목격한 사내는 너무 끔찍해서 글을 쓸 수 없다며 절필한다.

시집 『천둥 같은 그리움으로』로 다시 작가의 길에 들어선 사내는 여전히 말수를 줄이며 산다. 그의 말처럼 세상은 여전히 모두가 상주여야 하는 일들이 반복되고 그 가해자들의 죄를 제대로 묻지 않기 때문이다. 71주년을 맞은 4·3항쟁 추념식에는 스물일곱 사내인 시인 이산하를 국가보안법으로 겁박하고 고문했던 공안검사 황교안 씨가 야당 대표로 참석했다. 사내의 말수는 더 줄어들 것이다.

얼굴에 책임을 진다는 것

 어른들이 말씀하셨다. 나이가 들수록 얼굴에 책임을 져야 한다고. 20대를 거쳐 30대가 되고도 그 말의 진심을 파악하지 못했다. 아버지는 거기에 더해 말씀하셨다. 불혹이 되었을 때 얼굴을 보면 그 사람이 살아온 길을 알 수 있다고. 그 말을 미국인들이 가장 존경한다는 링컨대통령이 했다는 것을 아셨는지 모르겠다. 그저 살아오면서 느꼈던 경험적인 측면도 있을 것이다. 누구의 생각이든 얼굴에는 그 사람의 궤적이 담겨 있고 그의 삶이 그대로 드러나 보인다. 그래서 잘 살아야 하고 잘 살아내야 한다.

 잘 산다는 건, 부와 명예, 권력을 얘기하는 게 아니다. 가진 게 없어도, 사회적 지위가 변변치 않아도 존경받는 사람이 있다. 흔히들 그런 사람을 덕이 있는 사람이라고 한다. 작은 것에도 감사할 줄 알고, 귀천 없이 사랑할 줄 알고, 지위를 떠나 누구든 공경할 줄 알고, 어려운 이를 돌볼 줄 알고, 타인의 아픔을 함께 아파해줄 줄 아는 사람. 사람다움을 그대로 품고 있는 사람은 얼굴에서 빛이 난다. 눈은 맑고 선하며 항상 사람 좋은 미소를 입가에 담고 있다. 얼굴은 타고났지만 마음은 살면서 만들어간다. 얼굴이 도화지라면 마음과 행동은 물감과 붓이다. 그게 인상印象이다.

416이라는 숫자만 봐도 먹먹해지는 날인 지난 4월 16일. 얼굴에 책임을 지지 못하는 사람들 때문에 분노했다. 소중한 자식과 가족을 잃은 세월호 유가족들에게 그들은 총과 칼보다도 더 무서운 무기를 던졌다. 낫지 않은 상처를 도려내는 그들의 행태를 보면서 얼굴에 책임지지 못하는 사람은 국민의 대표자로 선출해서는 안 된다는 당연한 다짐을 했다. 덕이 부족한 사람, 부끄러움의 깊이를 모르는 사람은 국민도 책임지지 못하기 때문이다. 비로소 '얼굴에 책임을 질 줄 알아야 한다'는 말의 진심을 이해할 수 있겠다.

상처와 치유

 한 사내가 서 있다. 차가운 시멘트벽 모서리 창문으로 비치는 쪽햇살을 받으며 사내가 웃고 있다. 듬성듬성 흰머리가 나이를 가늠케 한다. 그 아래 '나는 간첩이 아니다'라는 글씨가 적혀 있다. '간첩조작사건 고문 피해자들의 자기회복을 위한 사진치유전' 포스터다. 사내의 이름은 '김태룡'. 전시를 준비한 임종진 작가의 SNS를 통해 처연하고도 착해 보이는 그의 웃음을 만났다

 "내가 이제야 말해 무엇해. 여기로 끌려와서 죽도록 맞고서 간첩이 돼버렸어"

 이런 말들이 그의 입가에서 흘러나오는 듯하다.

 '간첩'이라는 말만 들어도 몸이 옴짝해진 시절이 있었다. 얼굴이 아주 못돼먹고 흉측한 표정일 거라고 막연히 생각했던 적이 있다. 우리가 기억하는, 아니 어림짐작한 간첩은 그랬다. 그런데 우리와 같은 사람들이, 누구 하나 딱히 때리지도

못할 거 같은 사람들이 간첩 누명으로 남영동 대공분실에서 고문을 당했다. 이유도 모르고 대공분실로 끌려가 아무렇게나 짓밟히고 살이 찢겨나가는 고통을 감내했다. 간첩 누명이 씌워진 사람들은 자신의 의지와 상관없이 정권의 희생양으로 이용당했다. 정권이 바뀌고 간첩 혐의에서 풀려났지만 세상은 그들의 억울함을 기억하지 못했다.

젊음도 가족도 친구도 사라져 버리고 흩어져 버려 그저 상처만 남은 그들에게 한 사진작가가 카메라를 내밀었다. 국가 폭력에 노출된 그들에게 셔터를 눌러 자신들의 상처를 노출시키고 세상에게 기억시키라고, 그것이 상처를 다독이고 스스로 치유하는 길이라고 알려준다. 상처를 마주해야 상처를 치유할 수 있다는 작가는 무고하게 간첩단조작사건에 희생된 사람들에게 몇 년째 상처받은 마음을 치유하는 길로 안내하고 있다. 또 다른 국가 폭력 피해자들에게도.

그들은 10월 31일 스스로 찍은 상처들을 고문이 자행됐던 남영동 대공분실, 지금은 민주인권기념관이 된 공간에서 전시한다. 이렇게 우리 현대사 또 하나의 상처가 치유되기를 바란다.

벽을 넘는 담쟁이들

'벽이라고 느낄 때… 담쟁이 잎 하나는 담쟁이 잎 수천 개를 이끌고 결국 그 벽을 넘는다.'(도종환 시인의 「담쟁이」 중에서)

삶에서 벽은 늘 있다. 그것이 권력의 벽이고 부당의 벽일 때, 앞선 누군가의 발걸음이 벽 꼭대기에 올라 아래를 보고 손짓할 때부터 벽은 더 이상 벽이 아니다. 여기 스스로 담쟁이 잎이 된 여성들이 있다.

1931년 5월 29일 새벽, 평양에서 가장 높은 을밀대 위에 한 여성이 올라간다. 평원고무공장 노동자 강주룡. 우리나라 최초의 고공 농성자이자 1인 시위를 한 사람. 조선인이며 여성이라는 이유로 받는 불합리한 처우에 반기를 들며 을밀대에 올라가 죽을 각오로 농성을 벌였다. 31살의 짧은 생을 살다 갔지만 우리나라 노동운동사의 중요한 인물로 기억되고 있다.

2011년 부산 한진중공업 85호기 크레인의 김진숙 당시 민주노총 부산본부 지도위원은 309일간 고공농성을 통해 정리해고 노동자들의 아픈 삶을 세상에 알렸다. 21살에 입사해 용접공으로 일하다 23살에 해고된 그녀는 세 번이나 대공분실에 끌려가고 수배 생활과 감옥 생활을 반복했다.

'176억 원의 배당금 잔치를 벌이며 노동자들을 파리 목숨처럼 여기는 한진에 맞서 불나방처럼 35m 크레인에 올랐다'는 그녀를 위해 전국에서 '희망버스'가 줄을 이었다.

2019년 크리스마스, 대구 영남대의료원 옥상에 한 여성이 있다. 178일째 고공농성 중인 박문진. 부당해고에 맞서 13년 동안 싸워온 그녀는 자신이 몸담았고 자신을 해고했던 영남의료원의 가장 높은 곳, 지상에서 70m나 되는 옥상에서 여름 무더위와 가을 태풍과 겨울 혹한에 맞서고 있다.

지난 23일부터 35m 크레인에서 내려오고 오랫동안 흔들려서 잘 걷지 못했던 박문진 씨의 친구 김진숙 씨가 부산에서부터 100km를 걸어서 그녀를 만나러 대구로 향했다는 소식이다. 함께 산티아고 순례길을 걷겠다는 약속을 가슴에 품으며. 그 뒤를 첫 번째 담쟁이 잎이었던 강주룡이 따른다. 수천 개의 담쟁이들이 대구로 향하고 있다.

100일 동안

 곰이 동굴에서 쑥과 마늘만 먹고 사람이 됐다는 100일은 인고의 세월처럼 느껴진다. 오랫동안 참고 견디면 하늘도 감동해서 동물을 사람으로 만들어 주는 마법 같은 이야기. 그 시간을 견뎌내지 못한 호랑이는 사람이 될 수 없었으니 100일은 단군신화에서 인내에 대한 가르침의 시간이다.

 하루 유동인구 100만 명이 넘는다는 강남역 사거리. 그곳을 내려다보는 CCTV 철탑에 100일 넘게 올라가 있는 남자가 있다. 키 180cm의 그는 아파트 10층 높이쯤 되는 25m, 지름 150cm, 0.5평에서 102일째 살고 있다. 아니 살아내고 있다. 그중 55일간은 단식을 했다. 철탑 아래에는 그의 손발이 되어 위험한 고공농성을 벌이는 이유를 세상에 알리는 또 한 남자가 있다. 세계인이 다 아는 강남의 중심에서 두 남자가 목숨을 걸고 기업의 부당함을 외치고 있다.

 철탑 위에 있는 김용희 씨는 해고되지 않았다면 지난 7월

정년퇴임했을 것이다. 경남지역 삼성노조 설립위원장을 맡았다가 95년 해고됐다. 그 여파로 그의 아버지는 행방불명됐고 어머니는 돌아가셨다. 철탑 아래에 있는 이재용 씨는 그들을 해고한 그룹 후계자와 이름이 같다. 삼성중공업 노동자협의회 위원장으로 당선된 후 수많은 회유와 협박에 시달렸다. 결국 97년 부당 해고됐다.

20여 년 전 단지 노조 설립을 시도했다는 이유만으로 두 남자는 자신들이 몸담고 일했던 회사로부터 협박 당하고 '또 하나의 가족'이라는 슬로건을 내건 회사로 인해 가족조차 해체됐다. 1938년 창립 후 지금까지 80년 동안 무노조 경영을 유지해 온 기업은 헌법에 명시된 노조 설립을 하려는 두 남자에게 씻을 수 없는 상처를 줬지만 어떤 보상도 사과도 하지 않는다.

이제 예순을 맞은 두 남자는 20년 전 노조 설립 과정에서 겪었던 인권 침해에 대해 진심 어린 사과 한마디 듣기 위해 100일을 넘겼다. 하늘이 감동하여 동물을 사람으로 만든 그 백일 동안 기업은 여전히 침묵이다.

문학평론가 고故 김양헌 선생

 메마른 대지가 연일 산불을 부추기던 봄날, 고운 분홍빛만으로도 충분히 가슴 떨리게 하는 복사꽃밭 한가운데에 영원의 집 짓고 사는 문학평론가 고故 김양헌 선생을 만나러 갔다. 지난해 여름, 간암으로 사랑하는 가족과 문학을 이야기하던 문우, 지인들과 작별했던 선생은 평소 좋아했던 꽃 속에 묻혀 지냈다. 슬픔이야 늘 시린 거지만 가신 지 1년이 다 되어가는 데도 이승과 저승의 벽 앞에서 만나니 눈물이 났다. 잔디로 정돈된 그의 무덤 앞에서 평소 즐겨 피우던 담배를 붙여주고 제주祭酒를 돌리고 다시 그의 명복을 빌었다. 물론 그와 추억을 간직한 사람들이 모두 그리워한다는 마음도 전했고 이쪽의 사람들은 그저 그렇게 잘 지내고 있다는 말도 덧붙였다.

 그가 떠난 지 1년이 다 되어 가는데도 그를 아는 사람들, 특히 문인들은 그와의 이별을 아쉬워했고 안타까워했다. 문학평론가가 귀한 대구경북 문단에서 그의 존재는 그 자리를 지키고 있다는 것만으로도 든든했기 때문이리라. 살아 생전 그는 지극히 서정적인 별칭인 '달빛몽돌'로 불렸다.

장옥관 시인의 말을 빌리자면 "이성과 감정의 균형 잡힌 사고를 가졌기에, 누구보다도 평론가로서 뛰어난 자질을 지닌 사람"이었기에 그도 그리 불리는 걸 좋아했다. 그의 이지적 평론의 대상이 된 문인들만 해도 상당하다. 문인수, 엄원태, 강은교, 이동순, 이중기, 신경숙, 함민복 등등 모두 열거하기가 버거울 정도로 이 시대 문단을 풍미하는 많은 문인들이 그의 평론에 온몸을 맡겼다.

계성고와 영남대 국문과를 졸업하고 구미 금오공고에서의 교단생활까지 대구경북을 떠나지 않고 평론을 통해 지역 문단의 중심을 잡았던 그의 글을 한 번이라도 본다면 시보다 더 시적인 그의 언어 구사에 놀란다. '자신의 삶을 오롯이 문학의 제단에 바쳤다'는 그에게 이제 남은 사람들이 할 일은 그를 기억하고 한국 문단의 평론사적 관점에서 그의 업적을 기리는 일이다.

문학적 가치가 있는 좋은 작품을 제대로 평가하고 그저 감수성만 난무한 작품이 아닌, 문학의 시대적 사명감과 올바른 문장을 솎아내고 대중들에게 제대로 인식시켜 줄 수 있는 평론가가 더 많이 기다려지는 현재의 문단에서 그의 발자취는 분명 보존해야 할 가치가 있기 때문이다.

향년 52세, 길지도 짧지도 않은 생애를 참 멋스럽게 살다 간 문학평론가 김양헌 선생이 영천시 임고면의 복사꽃 골짜기에 누워 있다. 해 바뀔 때마다 무진장, 무진장 필 환장할 복사꽃 보러 봄마다 문인들의 발길이 이어질 것이다.

우리 시대의 유리천장

 유리천장이라는 말이 있다. '능력과 자격이 충분한데도 여성이라는 이유로, 외국인이거나 인종이 다르다는 이유로 직장에서 고위직을 맡지 못하고 보이지 않는 장벽에 부딪치게 된다'는 의미를 가진 생소한 이 단어는 1970년대 미국의 한 경제 일간지에서 처음 사용했다. 보이지만 갈 수 없고, 보이지 않지만 분명 막혀있는 유리천장 앞에서 참 많은 사람들이 쓴맛을 봤을 것이다. '이것이 인생이야'라고 자조도 했을 것이다. 우리에게 유리천장은 주로 여성이라는 이유만으로 직장에서 고위직에 가지 못하는 불합리함을 비유하는 말로 쓰인다. 하지만 과연 유리천장이 여성에게만 적용되는 말일까?

 작가 이문열 씨는 '선택'이라는 소설을 통해 현대 여성에게 현모양처를 강요했다. 이런 불합리함은 시대를 제대로 보지 못한 강요다. 더욱이 조선시대에 꼭 여성이 현모양처로만 살았어야 했나? 그것이 과연 모든 여성에게 적용됐어야 했는가? 라는 문제 제기도 없이 여성의 삶은 오로지 가족을 위해 희생해야 제대로 된 삶인 것처럼 왜곡했다. 남존여비사회가 만들어 낸 유리천장을 지금 시대에 적용시킨 예다.

젊은이들에게 유리천장은 상대적 박탈감으로 이어진다. 면허취소 수준의 음주운전을 하고 교통사고까지 냈는데도 귀가 조치를 하고, 수십억 원의 신종마약을 밀반입했는데도 어리다는 핑계로 집행유예를 받았다는 뉴스 뒤에는 국회의원이었고 상류층인 그들의 부모들이 서 있다. 만약 지극히 평범한 가정의 자식들이었다면 법의 판결은 어땠을까? '금수저 흙수저'라는 말도 거기에서 출발한다.

우리 시대 유리천장은 불합리하고 박탈감에 빠지도록 강요한 사회 그 자체다. 정의니, 평등이니, 자유니 하는 말들이 교과서에서만 존재하는 말처럼 박제되고 돈과 권력이라는 새로운 계급관계 속에서 보이지 않는 유리천장에 부딪쳐 추락하는 사회, 버드세이버 같은 장치 하나로 유리천장을 극복했다는 정치인들의 입바른 소리가 아니라 진짜 모든 사람들에게 공정한 사회가 돼야 한다. 오늘도 많은 사람들이 유리천장에 가로막혀 눈물 흘리는 하루가 될 것이다.

젊은 대구 잠 깨어 오라

 도시도 나이가 있다. 도시가 생성된 세월의 나이도 있겠지만 도시가 뿜어내는 향기, 보여주는 몸짓, 풍기는 이미지가 젊으면 그 도시는 오래됐어도 젊다.

 불의에 맞선다는 것은 정신이 젊다는 것이고 대구는 줄곧 그래 왔다. 역사 속 대구를 보면 중요할 때마다 젊은이들이 있었다. 서슬 퍼런 일제강점기 때 학생들의 비밀결사운동이 있었고 이승만 독재 정부 때는 학생들이 일으킨 최초의 민주화운동인 2·28 학생운동이 있었다. 3·15 부정선거 규탄 시위로 이어지며 4·19 혁명의 도화선이 된 2·28 학생운동이 일어난 도시가 대구다. 우리나라 노동사에서 가장 빛나는 인물 전태일 열사도 대구 젊은이다. 그렇다면 지금 대구는 어떤가?

 한 청년이 있었다. 대구를 아주 많이 사랑하는 청년이었다. 톡톡 튀는 아이디어로 기발하고 다양한 문화 기획물을 많이 만들어 냈다. 문화예술 분야의 전문성을 갖추기 위해 대학원에서 예술행정도 공부했다. 아무도 관심을 갖지 않던 공구상가로 가득한 북성로에 젊은이들을 이끌어 모아 다양한 예술실험도 했다. 그것이 발단이 된 것인지 지금 북성로는 도시재생의 모델이 됐다.

어느 해인가 그 청년은 동성로에 클럽을 열었다. 클럽이라면 젊은 사람들이 술 마시고 춤추는 공간. 연세가 조금 지긋하거나 보수적인 성향을 가진 사람이라면 곱지 않은 시선을 보낼 수 있는 클럽을 청년은 왜 열었을까? 청년은 젊음과 자유의 상징이라고 할 수 있는 힙합, 인디문화를 사랑했다. 그러한 청년문화를 대구에서 꽃피우고 싶어 했다.

젊기에 몸속에서 꿈틀대는 자유, 갈망을 풀어내고 자신이 사랑하는 대구에서 청년문화를 꽃피우고 싶어 했다. 청년은 음성적인 클럽이 아니라 건전한 클럽문화 정착을 위해 동성로라이브클럽협의회도 결성하고 대구라이브클럽 춤 허용조례 제정을 위해 포럼도 열었다. 자신이 생각하는 청년문화를 공론화시키고 대외적인 지지도 받고 싶었을 것이다.

그는 주장했다. 대구에 젊은이를 위한 문화가 활성화되어야 젊은 사람들이 떠나지 않는다고. 소규모 라이브클럽이나 힙합클럽은 인디밴드 등의 공연문화이고 대구 젊은이들의 커뮤니티 활동의 중심이라고. 그 순기능을 무시한 채 버닝썬 같은 기업형 클럽에 대는 잣대를 들이대지 말라고. 하지만 보수의 벽은 높았고 청년은 SNS에 자신의 심정을 올렸다.

"그저 내가 해오던 공연, 힙합, 슬램 이런 거 다 불법이었네요? 대구는 미래가 없어 보입니다."

그리고 얼마 전, 청년은 불의의 사고로 세상을 떠났다.

한때 대구 춤판은 유명했다. 국채보상공원이나 2·28공원에서 비보이, 힙합 등 스트리트댄스를 연습하며 세계의 유명한 비보이댄스대회에 나가 우승한 저력도 있다. 하지만 대구는 여전히 청년문화에는 마음의 빗장을 닫아버렸다. 자유롭고 활기 넘치는 서울 홍대거리를 벤치마킹하고 부러워하면서도 정작 대구 안의 청년문화는 허용하시 않는 듯하다.

대구시는 대구형 청년보장제를 만들어 청년들이 희망을 가지고 행복을 찾는 다양한 정책을 추진 중이다. 더없이 반가운 일이다. 그러나 청년들이 정말 행복하려면 그들이 원하는 다양한 청년문화 기반도 만들어야 한다. 라이브클럽을 하나의 청년문화로 받아들이지 못하고 불순하게만 보는 꼰대 시각은 거뒀으면 한다.

그리고 대구의 보수성에 숨막혀 하면서도 사랑하는 대구

를 위해 자신의 젊음을 바쳤던 아름다운 청년 배두호의 명복을 빈다. 젊은 대구 잠 깨어 오라.

달빛동맹이 몰고 온 봄소식

 코로나 19의 급격한 확산으로 어려움을 겪는 달구벌 대구에 빛고을 광주가 도움의 손길을 내밀었다. 다시 한번 빛을 발하는 달빛동맹이다. 꽃샘추위를 견디고 드디어 온 봄 같은 소식이다. 광주공동체 이름으로 발표된 담화문에는 '코로나19와 사투를 벌이는 국가 상황을 언급하며 휘청거리는 경제와 일상을 잃어버린 국민, 특히 급증하는 확진자로 병상이 모자란 대구의 어려움을 나누겠다'는 내용이 담겨있다.

 그러면서 '5월 광주가 외롭지 않았던 것은 뜻을 함께 해준 수많은 연대의 손길이 있었기 때문이고 이제 그 빚을 갚아야 할 때'라고 직시했다. 담화문을 읽고 감동이 밀려왔다. 그것도 3·1운동 101주년 기념일에 말이다. 이런 모습이 우리 국민의 참모습이라는 걸 새삼 깨닫게 해줬다. 국난이 있을 때마다 극복의 원동력은 국민이었다는 것을 역사의 한

페이지에 새길 일이다.

5·18 광주 민주화항쟁 이후 광주와 대구는 마치 둘로 갈라선 형제 같았다. 우리는 역사를 통해 그들 스스로가 갈라선 것이 아닌 갈라지게 만든 세력이 있다는 것을 잘 안다. 자신들의 과오를 덮으려 고립시키고 이간질시킨 그들은 스스로도 알고 있을 것이다. 그리고 지금도 여전히 두 도시의 화합을 못 견뎌할 것이다.

담화문에도 언급했듯이 '대구와 광주는 달빛동맹으로 맺어진 형제도시'다. 대구는 2·28정신을, 광주는 5·18정신을 통해 담아낸 정의와 민주주의를 함께 실천하겠다는 약속이다. 달빛동맹은 '달구벌 대구'의 '달'과 빛고을 광주의 '빛'을 합성한 단어다. 그 역사를 따라가 보니 '2009년 대구·경북이 첨단의료복합단지로 선정되자, 의료산업 공동 발전을 위한 업무 협약을 서울에서 맺은 것이 시작이고 이때부터 달빛동맹이라는 말을 썼다고 한다.

이후 2013년 3월 대구광역시와 광주광역시가 본격적인 교류 협약을 체결하고 2.28 민주운동 기념식과 5.18 민주화운동 기념식에 참석하면서 우의를 다져오고 있다. 2015년에는 달빛동맹 민관협의회를 구성하고 조례를 만들었으며 각계 전문가 30명을 위원으로 선정했다. 민관협의회는 상하반기

두 도시를 오가며 열리고 있다.

어려울수록 단결의 힘이 강해지는 우리 민족의 자존감을 제대로 보여준 달빛동맹은 433년 백제 비유왕과 신라 눌지왕이 맺은 이후 약 70년간 이어온 나제동맹을 생각나게 한다. 삼국으로 나뉘진 고대국가 시절, 신라와 백제가 동맹을 맺을 수 있었던 것은 한반도라는 땅에서 하나의 언어를 사용했던 한민족이었기 때문에 가능했을 것이다. 비록 나제동맹은 2번의 동맹 이후 소멸됐지만 달빛동맹은 동서 간 다양한 교류를 통해 영원히 이어질 것이다.

달빛동맹 소식과 함께 코로나19로 어려움에 놓여있는 대구에 연일 국민들의 지원과 손길이 이어지고 있다는 소식이다. 그럴 때마다 우리는 한 핏줄이고 한 형제자매라는 걸 느낀다. 의료진들과 질병본부 지인들의 사투를 TV를 통해 볼 때마다 가슴마저 먹먹해진다. 정말 고맙고 고마운 일이다. 이런 모습이 국민의 저력이다. 간혹 이런 노력들에 찬물을 퍼붓는 정치적 망동으로 속이 상하지만 분명 우리는 코로나19를 이길 것이라는 확신과 믿음을 갖는다. 곧 봄이 올 것이다.

4부

전염병을 이기는 법

전염병을 이기는 법

 인간의 역사에서 전염병은 전쟁과 함께 가장 두려운 존재일 것이다. 인류를 가장 혹독하게 했던 전염병은 페스트로 불리는 흑사병이다. 중세 유럽 인구의 3분의 1이 줄었다는 흑사병에 대한 공포는 전염병이 유행할 때마다 회자되고는 한다. 수세기가 지나서도 마치 공포의 DNA가 되어 사람들의 기억에 심어져 있는 듯하다.

 역사상 첫 전염병은 기원전 430년경 유행했던 '아테네 역병'이다. 유럽인들이 아메리카대륙에 일부러 퍼트린 천연두, 50만 나폴레옹 군대를 무력화시킨 발진티푸스, 유럽 인구 4분의 1을 희생시킨 결핵 등등 인류를 공포로 몰아넣었던 전염병들은 루이 파스퇴르의 백신 발명이나 알렉산더 플레밍의 항생제 페니실린 발견 이후 더 이상 인류를 괴롭히지 못했다. 하지만 인류가 지속되는 한 전염병과의 싸움은 끊임없이 이어질 듯하다. 20세기 가장 무서운 병이 된 에이즈(AIDS·후

천성면역결핍증)부터 에볼라 바이러스, 사스, 메르스 등등 시대가 변하면서 전염병의 양상도 변하고 있고 인류도 이에 대응하는 치료법을 개발했거나 개발 중이다. 이는 의학의 발전을 도모하고 있다.

지난해 12월 중국 우한에서 발생한 신종 코로나바이러스는 사람들의 DNA에 잠재된 전염병의 공포를 일으켜 세웠다. 우한 현지 사망자만 362명을 넘어섰고 우리나라에도 확진자만 15명(3일 기준)이며 격리 조치된 사람이 87명이다. 정부에서도 사태를 주시하며 신종 코로나바이러스 감염증 중앙사고수습본부를 통해 확산 방지 대책을 세웠다. 개인의 예방 수칙을 위해 꼭 필요한 마스크 품귀 현상이 생기고 크고 작은 행사들도 대부분 취소되고 있다. 이런 신속한 대응은 지나 역사 속에서의 경험도 분명 한 몫 할 것이다.

이런 어려움 속에서 늘 빛나는 것들이 있다. 많은 사람들의 희생정신이다. 중국 우한의 의사들과 그들을 돕는 많은 사람들의 미담은 '사람만이 희망이다'라는 말을 되새기게 한다. 얼마 전 우한에 있는 우리 교민들이 전세기를 통해 입국했을 당시, 격리 조치될 지역의 몇몇 사람들이 강하게 반발한 적이 있었다. 물론 전염될 수 있다는 불안감은 이해하지만 전쟁터나 다름없는 곳을 피해 고국으로 돌아온 동포를 내치는 모습에 꽤 많은 국민들이 분노했다. 다행히 정부의 철저한 격리 조치를 믿고 지역민들이 받아들이자 많은 국민들이 환호하고 격려하는 모습에서 우리나라 국민들의 끈끈한 민족성을 다시 한 번 느낄 수 있었다.

유럽에 흑사병이 일어났을 때 성 알로이시오 곤자가 수사는 희생적으로 환자들을 돌보다가 불과 23세에 죽음을 맞이했다. 하지만 일부 성직자들은 '마녀칙령'이란 걸 만들어 무고한 여성들을 죽음에 이르게 했다. 전염병뿐 아니라 그로 인해 발생한 경제 위기, 심지어는 가뭄과 홍수 같은 천재지변이나 불임, 남성들의 발기부전까지도 마녀들의 짓이라고 몰아세웠다. 한 시대 똑같은 전염병에 노출됐을 때 대처하는 모습은 사람마다 다르다. 하지만 의학이 발달한 21세기에도 끊임없이 새로운 전염병이 돌 것이고 누군가는 중세의 마녀사냥처럼 자신의 두려움과 공포를 다른 이들의 희생으로 벗어나려는 우를 범하고 있다. 신종 바이러스는 아직까지는 약이 없기 때문에 개인의 면역력이 중요하다고 한다. 서로 사랑하고 남을 도울 때 사람의 면역력이 가장 강해진다고 한다. 면역력을 키우기에 적당한 날들이다.

코로나바이러스의 충고

지난 4월 22일 한 통의 편지가 인류에게 보내졌다. 코로나19 팬데믹으로 전 세계가 패닉상태에 빠진 2020년 지구의 날에 있었던 일이다. 공포의 코로나바이러스가 서명한 편지는 "지구가 속삭였지만 당신들은 듣지 않았습니다"로 시작된다.

코로나바이러스인 나는 인류를 벌주기 위해 온 것이 아니라 전쟁과 이기적인 삶으로 지구가 점점 병들어 가는데도 결코 욕심을 버리지 않는 인류를 깨우치기 위해 왔다고 역설한다. '대규모 홍수, 불타는 화염, 강력한 폭풍과 무시무시한 돌풍, 수질오염으로 죽어가는 해양 동물들, 녹아내리는 빙하, 혹독한 가뭄….' 이런 현상들이 지구의 절규였음을 알아차렸어야 했다고 다그친다. 끊임없이 이어지는 전쟁, 소수의 욕심에 의해 일어나는 분쟁은 증오를 낳고 살육을 저지르고 결국 스스로 멸망을 자초하는 길로 가고 있음을 따끔히 지적한다.

그러면서 코로나바이러스인 자신이 지구의 숨통을 터주고 인류의 그릇된 생각을 바로잡아 주려고 왔으며 지구가 느꼈던 고통을 인류에게 주고 있다고 했다. '지구에 불이 타고 있는 것처럼 고열을 일으켰고, 대기가 오염으로 가득 찬 것처럼 호흡곤란을 가져다주고, 지구가 약해지듯이 허약하게 만들고 즐겁던 외출도 빼앗고 세계를 멈추게 했다'며 자신의 의도대로 되었노라 일갈한다. 그로 인해 인류는 고통스럽지만 '지구의 곳곳이 맑은 하늘색을 찾고 공기의 질도 달라졌으며, 물이 깨끗해지고 돌고래들이 다시 보인다'라고 확인시켜 준다.

'인간들이 삶에서 진정으로 중요한 것이 무엇인지 새겨볼 수 있는 시간을 갖게 됐다'며 '자신이 떠나고 지금의 고통이 사라진 후에 서로 싸움을 멈추고 물질적인 삶에서 이웃을 사랑하고 지구 안의 모든 생물을 보살피는 일을 시작하라'는 다독임으로 끝을 맺는다. 아프지만 겸허하게 받아들일 수밖에 없는 이 편지는 '디 아시안 엔'의 에디터인 비비안 알 리치 Vivienne R Reich가 쓴 편지글 형식의 칼럼이다.

이 편지는 온라인을 통해 세계 곳곳에 전해졌다. 한 언론인에 의해 작성된 편지였지만 진짜 코로나바이러스가 보내는 인류에 대한 경고인 듯 많은 사람들에게 경종을 울렸다. 편지 내용처럼 코로나19로 인해 세계 곳곳의 공기의 질과 하늘색은 지구 본래의 모습을 찾아가고 있었다. 하늘도 오랜만에 맑아졌으며 인도 북부에서는 40년 만에 230㎞ 떨어져 있는 히말라야 산맥이 보이고 국립공원 도로에는 동물들이 느긋하게 낮잠을 즐기는 사진들이 언론에 보도된다. 사회적 거리두기로 인한 인간 활동의 제한이 가져다준 모습이다. 개인위생 수칙이 강화되면서 눈병이나 독감 같은 유행병도 현저히 줄어들었다. 정말 놀라운 일이다.

아프리카의 최빈국인 '차드'의 시인 '무스타파 달렙'Moustapha Dahleb의 시에서처럼 코로나바이러스는 부자건 가난하건 인류는 한배에 탄 운명 공동체라는 걸 확인시켜 줬다. 운명 공동체 인류에게 지구는 어머니다. 대지의 여신 가이아의 품에서 태어난 생명들 중 가장 총명하다고 생각하는 인간들은 풍요로움과 편리함을 위해 어머니 가슴에 못을 박고 마구 짓밟았다. 어쩌면 코로나는 가이아의 매질인지도 모른다. 모든 생명과 함께 더불어 평화롭게 살라는 매질. 인류가 쌓아올린 탐욕의 바벨탑은 코로나로 인해 무너져 내렸다. 이제는 다시 겸허해질 때다.

삐비와 신포도

봄이 생경스럽게 느껴지는 3월이다. 꽃봉오리 벙글은 소리처럼 여기저기서 요란스레 전해주던 봄소식도 예년 같지 않다. 이리저리 어려운 탓일 게다. 그래서 마음도 몸도 추위에서 벗어나지 못했으리라. 이럴 때면 따뜻했던 추억이라도 불러들일 필요가 있다. 뜬금없이 성냥팔이 소녀처럼 성냥불이라도 켜서 멋진 환상을 보는 마음으로 말이다.

겨울이라기엔 따뜻하고 봄이라기엔 추웠던 딱 이맘때쯤의 일이다. 낮이 되면 집안보다는 햇살이 잘 드는 바깥이 오히려 따뜻했던 기억 속에서, 나와 친구들은 약속하지 않고도 속속 마을 어귀에 있는 담벼락으로 모여들곤 했다. 흐릿한 기억 속에서도 그 담벼락은 참 따뜻했고 흐르는 누런 콧물을 연신 들이키며 친구들과 재미난 얘기를 했다. 해바라기처럼 그리 도란도란거렸던 거다.

그때 나는 충청도 아주 작은 면에서 살았는데 신작로에 먼지 날리며 기세등등하게 다니던 버스를 타보는 것이 우리들의 작은 소망이었던 시절이다. 주전부리가 흔치 않던 때라 들이나 산에서 나는 찔레꽃 줄기니 산딸기니 하는 것들을 따서 먹곤 했는데 그중 우리들에게 가장 인기 있었던 것이 껌처럼 씹어 먹을 수 있는 '삐비'라는 풀이었다. ('띠'라고 하는데 햇볕이 잘 드는 강가나 산기슭, 들판, 풀밭 등에 무리 지어 자라는 여러해살이 풀이다.)

한 번은 해바라기를 하며 도란거리다가 갑자기 한 친구가 삐비가 먹고 싶다고 했다. 아직 삐비가 나오기에는 이른 철이지만 우리들의 입안에서는 벌써부터 그 맛이 맴맴 돌고 있었다. 이윽고 한 친구가 삐비가 뭐가 맛있냐며 한마디 툭 던졌다. 그러자 곧이어 다른 친구도 맞장구쳤고, 결국 처음 삐비 이야기를 꺼냈던 친구마저 "그래 맛없시 잉"하며 슬쩍 삐비 맛을 탓했다. 그리곤 우리들은 한동안 아무 말 없이 쪼그려 앉아 땅그림을 그리거나 발로 흙을 매만지거나 멍하니 앞만 바라보거나 했다. 분명 속으로는 삐비를 먹고 싶은 마음에 침이 넘어가는데도 말이다.

지금 생각하면 미소 한가득 물려질 추억이지만 그때를 생각하니 '신포도 기제'(Sour Grape Mechanism)가 생각난다. 포도를 먹고 싶었지만 손이 닿지 않아 딸 수 없자 '분명 신포도'일 거라며 치부해 버리는 여우의 자기 합리화. 계절이든 삶에서든 따뜻한 봄을 기다리는 지금, 추억 속에서 찾아낸 신포도 기제가 부정성이 아닌 '잘 될거야'라는 긍정성을 가진 교훈으로 남았으면 좋겠다.

〈워낭소리〉 그리고 『엄마를 부탁해』

요즘 영화 〈워낭소리〉와 소설 『엄마를 부탁해』가 우리 삶에 잔잔한 파문을 던져주고 있다. '전 세계적인 경제 위기'라는 소리에 밀려 숨소리도 못 내고 지금의 어려움을 참아내고 있는 사람들에게 이 두 작품은 분명 팍팍한 마음을 편히 풀어낼 수 있는 사랑방 같은 역할을 하고 있다. 〈워낭소리〉에서는 평생 일밖에 모르고 사는 노인과 소가 사람보다 더 진한 우정을 나누고, 『엄마를 부탁해』에서는 엄마라는 존재에 대해 새삼 다시 생각할 기회를 줬다.

〈워낭소리〉는 다큐 영화의 신드롬을 일으키며 200만 명이 넘는 관객을 동원했고, 입소문으로 사람들의 호응을 얻자 예술 극장이 아닌 일반 영화관에서까지 다투어 상영하고 있다. 『엄마를 부탁해』는 신경숙이라는 검증된 작가의 소설이기도 하지만 그 또한 독자들의 뜨거운 반응으로 이미 베스트셀러에 진입해 있다.

개인적으로 이 작품들을 보면서 참 많이 슬펐다. 주인공 세대에 대한 처연함 때문이었다. 부모님 세대들은 근대화가 이루어지는 격동기에서 봉건적인 사고와 사상의 자유가 통용되던 민주주의 물결이 개인의 삶을 혼란스럽게 하던 시절에 태어났고 자랐다. 좀 더 이른 분들은 일제강점기를 겪었고 독립 후에는 좌·우 대결이라는 정치적 소용돌이에 휘말렸으며 6·25전쟁이라는 민족 비극의 중심에 서 있었다. 그 후에도 끊임없는 사회적 분쟁은 일어났고 혼란 속에서도 어쩌면 근대 산업화의 주역으로 또는 민주 사회를 이끌어 내는 역할도 했다.

여전히 봉건적인 사고 속에서 우리의 어머니들은 집안의 제사를 비롯한 크고 작은 행사와 자식들의 안녕을 위해 모성이라는 이름으로 강도 높은 삶을 살았으며 시댁 식구와의 갈등까지 이겨내야 했다. 우리 아버지들은 사방 전쟁터 같은 삶의 현장에서 상사에게 굴욕당하고 똑똑한 후배들의 진출에 마음을 졸였거나 가족을 위해 생활 전선의 맨 앞에 서며 한 집안의 가장으로서 든든한 버팀목이 되어야 했다.

개인적으로 약간의 차이가 있겠지만 아무리 어려워도 조상과 부모님께 예를 다 갖춰야 했던 세대, 하지만 자식들에게는 감히 제사상 하나 받기도 어려워 보이는 세대, 자식으로서 의무를 성실히 이행했으면서도 부모로서 권리를 받기가 힘든 세대이지 않았나 싶다.

문득 두 작품 속에 나오는 우리 아버지, 어머니 세대에 대한 회한으로 목이 아파 왔다. 바쁘다는 핑계로 고향에 홀로 계신 어머니의 안부를 자주 묻지 못한 죄송함과 고생만 하시다가 불의의 사고로 세상을 떠나신 아버지에 대한 그리움이 새삼 다가왔기 때문이다. 지나치게 바빠서 냉정하고 메마르기까지 한 이 시대, 그나마 부모님 세대의 아픔을 알게 해 준 이 두 작품에 감사할 따름이다.

부모

 선배 작가의 어머니께서 돌아가셨다. 불과 이틀 전 행사에서 밝은 웃음으로 맞이했던 선배였다. 그래서 어머니 부고 소식은 뜻밖이었다. 상가에서 만난 영정사진 속 선배 어머니 모습은 참 고우셨고 눈빛은 애잔함이 가득했다. 마치 홀로 남은 아들이 걱정된다는 듯.

 선배는 "큰 행사를 두 개나 앞두고 있는 아들에게 자칫 해가 될까 봐 십여 일 이승의 끈을 억지로 부여잡고 계셨다"라고, "가실 때까지 아들 생각해서 가셨다"라고 슬픈 표정으로 미소 지었다. 그 말을 듣고 다시 쳐다본 영정사진 속 어머니는 그렇다는 듯 고개를 끄덕이는 거 같았다.

 오십 줄이 넘으니 이제 떠나갈 날이 가까워지는 어머니가 자주 생각난다. 내 어머니뿐 아니라 '이 땅의 현재'를 만든 어머니와 아버지로 불리는 부모님들. 형제 많은 집에서 배고픔을 겪었을 것이고, 빼앗긴 나라에서 서러움도 겪었을 것이고,

전쟁의 난리도 겪었을 것이고, 산업의 역군으로 잠시 풍족한 시간도 가졌을 것이고, 자식 바라지에 온몸이 부서져라 일했을 것이고, 잘 자라준 자식 때문에 행복한 시간도 가졌을 것이다. 그러다 세월의 기억이 점점 흐려지고 지워져 긴 시간의 흔적조차 잃어버린 채 '치매'라는 망각의 강으로 빠지기도 하는 부모님들.

얼마 전, 치매를 앓는 어머니를 떠나보낸 아들의 사무치는 사모곡이 담긴 기사를 읽었다. 혼자서는 감당하기 힘들어 보냈던 요양원에서 멍이 든 몸으로 세상을 떠난 어머니를 생각하며 자책하는 아들은 요양원의 실태를 낱낱이 고발했다. 기억을 잃었다고 몸의 기억조차 잃는 것이 아닌데도 학대의 정황이 몸 곳곳에서 나타났다. 학대한 사람에게도 어머니가 있었겠지. 자신의 어머니였다면 어땠을까 생각하니 기사를 읽는 내내 화가 치밀었다.

치매는 그저 개인이 감당할 몫이 아닌 사회가 함께 안아야 할 지금의 풍요를 만들어낸 부모님들의 노고勞苦다. 그래서 더욱 제도적인 장치가 필요하다. 그것이 부모님들의 뒤를 이어가야 하는 우리들의 의무이기도 하다.

휴대폰으로부터의 자유

"여보세요? 거기 안에 계신 분 누구세요? 얼굴 보여주세요. 나와 놀아주세요. 내 아픔을 들어주세요. 여보세요?"

힘겨웠던 시절, 이런 식으로 속을 풀었던 적이 있었다. 너무 힘들 때 삶이 아파서 가슴이 숭숭 뚫리고 구멍 난 창호지처럼 마음이 바람에 너덜너덜해질 때 전화기에 대고 막 소리 지르며 속내를 한껏 드러냈던 적이 있었다.

지금 생각하면 사춘기적 부끄러운 추억이기도 하지만 공중전화 부스에 들어가서 실제로 그렇게 소리 지르고 엉엉 운 적이 있었다. 그렇게 속풀이 대상이기도 했던 공중전화기가 점점 줄고 휴대폰이 나온 이후로 그 속풀이는 휴대폰 몫이 됐다.

답답할 때는 휴대폰을 만지작거린다. 그리곤 누군가 속을 풀어줄 사람을 줄줄이 찾는다. 누가 이 시간에 조용할까, 누가 내 답답함을 들어줄까? 아니 들어주지 않더라도 그저 이야기를 할 수 있을까? 그런 욕망들로 핸드폰을 만지작거리며 찾아내곤 한다. 한 손에 쏙 들어온다 해서 핸드폰이라 했고, 가지고 다닐 수 있다 해서 휴대폰이라 한 명칭처럼 나뿐 아니라 현대인들은 이제 휴대폰을 몸에 지니지 않으면 불안해한다. 물론 개인적인 차이는 있지만 말이다.

특히 집에 놓고 온 날은 하루 종일 불안함이 가중된다. 마치 휴대폰의 노예가 된 듯하다. 버스나 지하철을 타면 혼자인 사람들은 대부분 휴대폰으로 문자를 전송하거나 전화를 하거나 인터넷을 한다. 요즘은 지상파 방송인 DMB폰으로 실시간 TV도 본다.

문명의 이기는 어차피 편리함을 전해주는 것 아닌가. 그렇게 따진다면 휴대폰은 외로움마저도 편리하게 풀 수 있는 도구이기도 하다. 디지털 속에서 아날로그의 방식으로 군중 속의 고독을 풀어내는 비상구 역할을 하는 것이다.

그래서 국민들 거의가 휴대폰을 가지고 있는 오늘날, 정신마저 구속됐다는 의미의 노예라는 표현은 무리가 아닐 듯하다. 편리하기 위해서 구입한 휴대폰에 우리 스스로가 얽매인 셈이다. 이쯤에서 뜬금없이 이런 제안을 하고 싶다.

"자, 우리 과감히 도전하자. 휴대폰으로부터의 자유를. 아날로그로의 회귀를. 꽃향기 가득한 봄날, 수갑을 풀듯 손에 있는 휴대폰을 놓자. 소극적인 사람은 잠시 휴대폰을 꺼두거나 좀 더 적극적인 사람은 아예 없애버리고 휴대폰으로부터의 자유를 찾자"라고.

몇몇의 사람이 이 제안에 동조할지 궁금하다.

최고의 새해 퍼포먼스

 3천 미터 밖에서 새해를 맞이했다. 딸아이와 함께 베트남에서 맞이한 새해는 겨울에서 여름으로 온 선물 같았다. 두 계절의 새해가 행운처럼 열린 황금돼지해. 그곳에서도 새해로 넘어가는 자정에는 축하의 불꽃이 터졌다. 언제부턴가 세계의 도시들이 새해가 되면 불꽃놀이를 한다. 불을 훔친 인간의 욕망을 한꺼번에 분출하듯 온통 불꽃의 향연이다.

 더운 나라의 새해는 그 풍경만큼 이색적이다. 두꺼운 잠바에 털모자와 목도리, 장갑으로 중무장하며 떠오르는 첫해를 향해 소원을 빌던 우리의 모습과 사뭇 다르다. 몇 시간 전 불꽃으로 새해를 맞은 베트남의 휴양도시 나트랑에서 첫해를 보기 위해 바닷가로 나갔다.

 매서운 추위에도 아랑곳하지 않고 명절 행렬처럼 첫해를 보기 위해 바다로 산으로 모이는 우리들의 해맞이 모습을 생각하며 비가 와도 춥지 않은 해변에서 해 대신 바다를 보고 있었다. 그때 비키니 차림의 한 여인이 거침없이 바다를 향해 걸어가는 모습이 보였다. 따뜻한 나라이니 이런 새해 풍경쯤이야 하면서도 생경스럽게 바라보았다.

그녀는 파도를 온몸으로 맞을 수 있는 지점에 서자 거대한 파도의 벽에 몸을 부딪쳤다. 파도는 거칠었고 그녀는 바다에 쓰러지다가 일어서기를 반복하며 파도와 사투를 벌였다. 그녀는 마치 '그래 아무리 파도가 쳐도 나는 다시 일어설 거다'라고 소리치는 것 같았다. 그 모습은 한 생을 파고드는 깨달음처럼 느껴졌다.

행복하게 해달라고 소원 대신 '그래 올 테면 와 봐라. 다 받아칠 테니 온몸으로' 결기에 찬 의식을 치르는 듯했다. 비바람이 몰아치고 거대한 파도가 삼킬 것 같은 바다에서 이국의 그녀는 세상과 '맞짱' 뜨고 유유히 바다를 떠났다. 그녀의 새해 의식은 지금까지 본 새해 퍼포먼스 중 최고였다.

BTS에게서 찾은 풍류

 올해의 입춘은 설 전날이었다. 새해가 되기도 전에 봄의 문턱에 다다른 것이다. 황금과 복을 부르는 돼지가 결합된 황금돼지의 축복에 봄기운까지 함께 왔으니 안팎으로 기대감이 크다. 농경문화 속에서 살아온 우리 민족에게 첫 절기인 '입춘'은 만물이 기지개를 켜고 한 해를 준비하는 날이기도 하다. '입춘대길立春大吉' 같은 입춘축立春帖을 써 붙이는 건 기본이고 어느 지방에서 입춘굿을 히고 농악내가 집집마다 다니며 흥겨운 풍악을 울리며 복을 비는 걸립乞粒을 즐겼다. 한 해를 여는 첫 절기부터 흥으로 시작하니 우리는 풍류를 즐기는 민족임에 틀림없다.

 대중음악으로 세계적인 한류를 이끌어 낸 방탄소년단 BTS는 우리의 풍류를 제대로 알고 콘텐츠로 활용한 아이돌그룹이다. 그들의 노래 '아이돌'의 후렴구를 보면 '얼쑤', '지화자 좋다' 같은 추임새가 나온다. 안무도 전통 춤사위 형식이 가미됐다. '바이스톰'이라는 유튜버는 BTS의 국악버전 '아이돌'을 일일이 분석한 미니다큐 형식의 영상을 유튜브에 올렸는데 그 핵심이 바로 풍류다.

오고무에서 부채춤, 한량무, 탈춤과 사자춤에 이르기까지 우리 고유의 춤과 접목시킨 BTS의 무대는 그야말로 환상적인 퍼포먼스 자체다. 바이스톰은 퍼포먼스 속에 기막히게 녹여낸 전통춤과 그 의미를 잘 풀어놓았다. 영어로 소개된 이 영상은 외국인뿐 아니라 전통을 잘 모르는 우리 젊은이들에게도 큰 도움이 될 듯싶다. 노랫말에서는 홍익인간의 의미까지 찾아냈다. 풍류를 아는 민족, 그 자체로 풍류인 민족이 우리 민족이라는 걸 BTS는 노래와 퍼포먼스를 통해 세계에 알렸다.

이른 봄의 문턱에 서서 세계 문화의 새로운 트렌드로 자리잡은 BTS의 성공을 보며 '풍류'라는 우리 민족의 DNA가 새삼 고맙기 그지없다.

우리, 춤추게 해 주세요

 새 학기를 맞은 딸아이의 표정이 밝지 않다. 고 2라는 학년이 주는 부담감 때문일 것이다. 고등학교 생활이 온통 대입에만 초점이 맞춰져 있는 현실인지라 그러려니 싶었다. 휴일을 맞아 오랜만에 여유를 가진 딸에게 "많이 힘들지?" 하고 물었다. 당연 학교생활에 대한 힘겨움이겠거니 생각하면서 말이다. 아이의 대답은 의외였다.

 "엄마, 그냥 춤추는 건네. 난 선생님들을 이해할 수가 없어. 왜 무조건 안 된다는 거야?"

 내 물음에 그동안 꾹꾹 눌러 온 화를 풀어내느라 앞뒤 설명 없이 내뱉는 딸아이 표정이 안타까울 정도로 일그러져 있었다.

 딸이 학교에서의 현재 상황을 이해할 수 없는 이유는 이랬다. 댄스 동아리 활동을 하고 있는 딸이 고2가 되면서 동아리장을 맡게 됐는데 고1인 새내기 후배들을 대상으로 신입생

모집에 나선 모양이다.

  그런데 댄스 동아리에 관심을 갖던 신입생들에게 담임 선생님들이 동아리 활동에 대해 부정적으로 반응하고 가입하지 말 것을 은근히 종용했다는 것이다. 그러고 보니 딸이 고1 때도 그랬던 것 같다. 고1 학기 초, 딸아이의 댄스 동아리 활동 여부 때문에 담임 선생님과 통화를 했던 기억이 난다. 그때도 선생님은 학업에 지장을 줄 수도 있으니 가급적 하지 않도록 하라고 권고했고 난 본인이 하고 싶다면 허락해 주겠다고 의사를 전달했었다.

  선생님의 우려를 잠재우듯이 딸은 학업도 게을리하지 않았으며 학교 축제에 참가할 만큼 열심이었다. 무대에서 춤추는 딸아이가 너무 당당하고 자랑스럽기까지 했던 기억이 아직도 눈에 선하다. 자기가 하고 싶은 활동을 하며 학교생활을 하는 딸아이가 부럽기까지 했다. 내가 학교를 다니던 시절에도 낭만적인 학교생활보다는 공부에 대한 압박, 친구와의 경쟁으로 마음고생이 심했으니 말이다.

  그렇다고 무조건 자기가 하고 싶은 것을 다 하라는 것은 아니다. 아이들도 분명 자기 안의 삶에 대한 기준이 있다. 미래에 대한 꿈도, 불안도 있을 것이다. 하지만 그건 결국 자신이 풀어가야 할 몫이다. 우리 어른들은 아이들이 가지는 꿈을 이루도록 길을 열어주고 불안을 해소해 줄 수 있는 사회적 기반을 닦으면 된다고 본다.

춤을 춘다고, 노래를 한다고 "너 커서 뭐 먹고 살래?" 하는 식의 걱정은 오히려 아이들의 꿈을 꺾는 일이다. 누구나 다 공부를 잘하고 누구나 다 대학을 가야 하는 것은 아니듯이 어른들의 잣대가 아닌 진정 우리 아이들을 위한 잣대를 그들의 입장에서 보았으면 좋겠다.

신록 예찬

 한 줌 햇살, 한 자락 바람도 다 경이로운 계절이다. 불과 얼마 전만 해도 울긋불긋 터트리던 꽃망울과는 또 다른 아름다움으로 다가오는 신록들이 여기저기서 손짓한다. 그 싱그러움은 아무리 우울했던 마음이라도 금세 미소 짓게 하는 마력이 있다.

 작고하신 수필가 이양하 선생의 수필 『신록 예찬』에는 이맘때쯤의 신록이 가지는 경이로움에 대한 찬사가 가득 담겨 있다.

 "신록에는, 우리의 마음에 참다운 기쁨과 위안을 주는 이상한 힘이 있는 듯하다. 신록을 대하고 있으면, 신록은 먼저 나의 눈을 씻고, 나의 머리를 씻고, 나의 가슴을 씻고, 다음에 나의 마음의 모든 구석구석을 하나하나 씻어 낸다. 그리고 나의 마음의 모든 티끌─나의 모든 욕망(欲望)과 굴욕(屈辱)과 고통(苦痛)과 곤란(困難)이 하나하나 사라지는 다음 순간, 별과 바람과 하늘과 풀이 그의 기쁨과 노래를 가지고 나의 빈 머리에, 가슴에, 마음에 고이고이 들어앉는다"라고 했다.

참말로 신록을 보면 선생의 표현이 가슴에 딱 와닿는다. 신록은 그저 보고만 있어도 빙그레 미소가 열린다. 그저 몸을 흔들어 대는 바람이거나 눈부신 햇살에도 씽긋 윙크를 하는 푸른 이파리들에도 즐거운 노랫소리가 들린다. 그 모습을 보고 어느 누가 고통을 생각하고 나쁜 생각을 할까? 마음을 짓누르던 삶의 무게와 그로 인한 욕망들도 신록을 보면 다 녹아내린다. 말 그대로 무념무상無念無想의 해탈에 빠져드는 것이다.

삶이 힘겹다면, 누군가를 미워한다면, 거짓이 마음을 짓누른다면 잠시 눈을 들어 성찬처럼 펼쳐진 신록을 볼 일이다. 높은 담장을 오르는 덩굴잎들의 "까르르르 와우, 재미있다. 저 꼭대기에 닿고 싶어, 푸른 하늘이 아름다울 거야" 재잘대는 소리가 들릴 것이다. 보도블록의 틈새를 비집고 있는 이름 모를 풀잎에게서는 "야, 세상이 신기해. 햇살을 쬘 수 있어 너무 행복해"하는 웃음이 보일 것이다.

눈에 보이는 것, 얼굴에 스치는 것, 그 모든 자연이 하나하나 깨달음이고 그 소리 하나하나가 다 무진법문無盡法門이다.

오늘은 와불의 모습이 신록으로 덮여가고 있는 금오산 자락에라도 올라가야겠다. 온통 초록 세상인 신록의 중심에서 몸속 깊숙이까지 초록물을 들여야겠다.

"모든 오욕(汚辱)과 모든 우울(憂鬱)에서 완전히 자유로울 수 있고, 나의 마음의 모든 상극(相剋)과 갈등(葛藤)을 극복하고 고양(高揚)하여, 조화 있고 질서 있는 세계에까지 높인 듯한 느낌을 가질 수 있게"(이양하의 『신록 예찬』 중에서) 말이다.

도시 재생의 길을 묻다

'낡거나 버리게 된 물건을 가공해 다시 쓸 수 있게 만든다'는 뜻의 '재생再生'이 도시와 나란히 붙어 회자된 지도 꽤 됐다. 편리하게 생활할 수 있는 곳으로 사람들이 모이면서 정치, 경제, 문화의 중심이 되는 '도시'와 '재생'은 이제 한 단어처럼 익숙해졌다.

도시도 사람과 같아서 세월이 갈수록 늙어가기 때문이다. 처음엔 최신식 건물이 들어서고 도로가 생기고 자동차와 다양한 가게들이 생겼던 도시가 어느새 세월의 속도를 따라가지 못하고 쇠락의 길을 걷는다. 각 지자체에서는 지역민들을 중심에 두고 문화예술의 옷을 입혀야 도시를 살릴 수 있다는 전문가의 조언을 받으며 예술가를 입주시키고 마을벽화를 그리고 다양한 행사와 마을축제를 열며 낡은 도시를 심폐소생하려고 시도했다.

어느 정도 주목도 받고 도시도 활기를 띠기도 한다. 하지만 '젠트리피케이션'현상에 발목을 잡혔다. 대구도 마찬가지다. 그 아픈 사례가 김광석 거리다. 몇몇 예술가들의 열정으로 시작된 방천시장 김광석거리가 이제는 자본의 냄새만 풍기는 골목으로 변했다. 김광석의 가치는 낡은 벽화와 카페와 고깃집 연기 아래에서 겨우 허우적댄다. 김광석의 노래와 추억은 낭만이라는 포장에 싸여 이곳을 찾는 연인원 방문객 수를 부풀리는데 이용될 뿐이다.

독일의 베를린은 분단에서 통일로 세상의 이목을 집중 받은 도시다. 통일 후 충분히 빌딩숲의 화려한 도시로 발전할 수 있었다. 하지만 베를린은 2차 세계대전의 과오를 그대로 노출시켰다. 건물 고도를 제한하고 협동조합을 만들어 시민들이 활용하고 싶은 공간을 곳곳에 만들었다.

전쟁 당시 나치에 의해 끌려간 사람들의 이름과 날짜를 적어놓은 동판이 있고 사람들은 전쟁의 기억을 지우지 않고 반성하고 추모한다. 어떤 형용사도 없이 담백하게 쓰인 기록 앞에서 사람들은 전쟁이 아닌 평화로운 공동체적 삶을 체득한다. 베를린에서 도시재생의 중심은 '인간 존엄'이다. 도시재생이 필연이 된 지금, 깊이 고민할 부분이다.

구미, 당깁니다

 사람에게도 인연이 있듯이 장소와 공간과도 인연이 있는 듯하다. 어떤 사람은 꼭 이때쯤 만나야 되고, 어떤 사람은 그때쯤 만났어야 했던 사람이 있듯이 공간과 장소, 혹은 도시와도 각각의 인연을 가지고 있는 것 같다.

 3년 정도를 경주와 인연을 맺었던 나는 이후 3년을 구미와 인연을 맺으며 살고 있다. 그건 마치 보이지 않는 끈과 같아서 어떤 예정에 의해 끌려온 듯 하나하나 알게 되는 것마다 느낌과 감정이 남다르다. 구미는 말 그대로 구미가 당기는 도시다. 그만큼 어떤 깊은 인연의 끈이 아주 오래전부터 연결돼 있는 듯하다.

 중국의 오악 중 하나인 숭산嵩山에 비견돼 우리나라 남숭산이라 불리는 금오산이 그렇고, 불교가 신라 땅에 처음 뿌리내린 곳이라는 사실이 그렇다. 황금까마귀라는 정확한 명칭을 그대로 간직하고 있는 금오산金烏山은 멀리서 보면 누워있는 남성의 얼굴 같지만 그 안으로 들어가면 어머니의 품처럼 포근하다.

사람들은 구미를 산업 도시로만 알고 있다. 하지만 그 이미지는 불과 50년도 채 되지 않는다. 우리나라 근대 산업화가 이루어지던 1970년대에 수출 드라이브정책을 통해 내륙 최대의 수출단지로 자리 잡은 곳이 구미다. 그보다 훨씬 오래전의 구미는 문화의 향기가 충만했던 고장이었다.

야은 길재, 단계 하위지, 왕산 허위 등 쟁쟁한 역사적 인물이 배출된 사실을 차치하고라도 우리나라 첫 영화인 '아리랑'을 만들었던 감독 나운규와 같은 시대에 최초의 카프 계열 영화인 '유랑'을 만들었던 김유영 감독이 있고 '봄봄'의 작가 김유정을 사랑에 빠지게 했던 국보급 명창 박록주의 고향이기도 하다. 김유영이 만든 영화처럼 그네들의 삶들은 세월 속에서 낡은 필름처럼 사라져 갔지만 분명 그 문화적 흐름은 이어지고 있으리라. 그 깊은 흐름이 경제적인 기반을 딛고 이제 서서히 수면 위로 올라오고 있다.

5월이 되면 구미에서 열리는 전국 연극인들의 축제인 '제27회 전국연극제'도 그중 하나다. 5월 28일부터 20일간 각 지방에서 출품된 최고의 연극 작품들이 경연을 펼칠 것이며 그때는 전국의 연극 마니아들을 구미 당기게 할 것이다. 인류는 산업 혁명을 통해 경제적 기반을 탄탄히 했다.

그 기반들은 정신을 살찌우고 문화적 삶을 꽃피우게 했다. 구미공단을 통해 지역 경제가 활성화되고 이제 잠시 뒷전에 두었던 문화적 잠재력을 끄집어내 문화 도시로의 길을 열고 있는 구미도 그 상식적인 의미를 서서히 맛보게 되기를 바란다. 많은 사람들이 올해 초여름에 구미와 인연을 맺었으면 하는 바람도 함께 가져본다.

5부

물들어 간다는 것

김광석

 누군가를 온전히 사랑해 본 적이 있으신지요? '사랑'이라는 단어가 품은 애틋하고 열렬한 마음을 다해서 말이에요. 그것도 그가 세상을 떠난 지 17년이 지나고 나서니 이 무슨 장난 같은 일인지 모르겠어요. 지난해, 연애소설의 주인공처럼 무수한 밤을 지새우며 그를 온통 그리고 온전히 앓았지요. 참 촌스럽게도 그의 조각상 앞에 가서 눈빛의 대화도 나누었지요. '사랑한다'고 뒤늦은 고백도 했어요.

 그를 처음 만난 건 1987년쯤인가로 기억되네요. 너무 오래된 기억이라 연도조차 가물거리는군요. 서울 대학로에서였지요. 민주화 열기로 뜨거웠던 시대, 대학로에서 열린 대규모 집회 속 군중이었던 나는 국가 폭력에 항의하는 민주 연사들의 발언 이후에 들려오는 노래에 가슴이 멎는 듯했어요. '호헌 철폐, 독재 타도'를 외치던 함성마저 잠재운 그 노래, '타는 목마름으로'였어요. 그의 노래는 어떤 연사의 목소리보다도 뜨거웠지요. 듣는 이들의 가슴을 치열하게 했으며 눈에서는 알 수 없는 감동의 눈물이 고였어요. 그건 한 마디의 구호보다 더 강한 노래의 힘이었고 그가 불렀기에 가능한 일이었어요.

그리곤 1990년이었던가요? 어느 가수의 콘서트에서 게스트로 나온 그를 두 번째로 대면했어요. '거리에서', '흐린 가을 하늘에 편지를 써', '기다려 줘' 이런 노래를 불렀던 걸로 기억하는데 듣는 내내 가슴이 떨렸어요. 마치 짝사랑하는 사람이 내 앞에 서 있는 듯 온몸이 불덩이처럼 달아올랐다 할까요? 그런 감정 느끼신 적 있으세요? 그날 콘서트의 주인공은 기분이 별로였을 거예요. 그 감정이 나뿐만이 아니었는지 게스트 무대가 더 열광적이었고, 끊임없는 앙코르 요청으로 2곡을 더 불러야 하는 난감한 상황이 연출됐으니까요.

그래서인가요? 그는 늘 노래를 부르며 늙어갈 줄 알았지요. '어딘가 모르게 외로워 보인다'고 느낀 눈빛이 마음에 걸렸지만 늘 웃고 있었으니까요. 자주는 아니지만 방송을 통해 본 그의 모습이 그랬어요. '한 번쯤 그의 콘서트에 가야지' 마음먹다가도 일이 생기곤 해서 가지 못했는데, 그럴 때도 '그는 콘서트를 자주 하니까 나중에 가야겠다' 하고 뒤로 미루곤 했었지요.

늘 곁에 있을 거라고 생각했던 사람이 순간 곁에서 사라졌다면 얼마나 허망할까요? 그는 참 많은 사람에게 그런 슬픔을 던져주고 갑작스레 세상을 등졌지요. '뭐가 그리 힘들었을까? 많은 사람들이 그의 노래를 들으며 살아가는 힘을 얻는데 정작 자신은 뭐가 그리 힘들었을까?' 진작 그의 콘서트에 가서 '당신의 노래를 사랑한다'고 박수 쳐 주지 못한, 뒤늦은 후회를 했지요.

그런데 25년 만에 그가 다시 내 가슴속으로 찾아왔어요. 어느 영화에서 나온 넋두리처럼 "근데 광석인 왜 그렇게 일찍 죽었대니? 우리 광석이를 위해 딱 한잔하자"는 아쉬움과 그리움의 마음을 뒤섞으며, 이번엔 그의 콘서트처럼 놓치는 우를 범하지 않겠다는 다짐으로 그와의 시간을 기쁘게 받아들였지요.

그렇게 지난해, 11월부터 내내 그의 안에 살았어요. 그가 대구 사람이고 태어난 곳이 중구 대봉동이니 그의 추억길이 그려진 방천시장에 둥지를 틀었지요. 가난했지만 행복한 시간들이었어요. 방천시장의 상인 어르신들, 입주 작가들도 따뜻이 사랑해 주었고, 없는 돈에 고생한다며 지역의 언론들도 기꺼이 도움을 주었지요. 그렇게 올린 어쿠스틱 뮤지컬 '김광석, 바람이 불어오는 곳'이 무사히 끝났네요. 그의 기일인 올해 1월 6일에는 다시 그를 보내줘야 했으니까요.

사랑의 열병이 그렇듯 지나가고 나니 그 흔적이 곳곳에 꽃처럼 남아 있네요. 그 꽃들이 그의 고향 대구에 어떻게 뿌리를 내릴까요? 문화 콘텐츠가 새로운 지역 활성화의 아이콘이 되는 시대니까 그를 그렇게 문화 콘텐츠로 활용할까요? 아니면 그냥 벽화길을 방천시장의 명물로만 이어갈까요? 이것도 저것도 아니면 올해 서울 기획사에서 만든다는 그의 노래를 담아낸 대형 뮤지컬을 비싼 로열티를 주고 가져올까요?

그런데요. 이것저것 다 뒤로 접어두고 그와 그의 노래가 어떤 형태로 우리 앞에 다시 서더라도 절대 지켜져야 할 것이 있어요. '나의 노래는 나의 힘, 나의 노래는 나의 삶' 그의 노랫말처럼, 그냥 순수하게 그의 노래가 여전히 세상살이에 지치고 아프고 상처 입고 힘겨운 사람들의 가슴을 치유해 주는 힘이고 삶이기를 바라는 거죠. 그의 순수와 진실이 훼손되지 않았으면 하는 바람이라고나 할까요?

2013년 대구에서 '김광석'이라는 가수가 문화 콘텐츠라는 새로운 바람으로 불어온다면 꼭 그것만은 지켜달라는 거지요. 그의 노래는 소중하고 우리 시대의 자화상이기도 하니까요.

길이 가지는 내력

 사람이 나무나 꽃처럼 한자리에서 그대로 뿌리를 내리고 산다면 어땠을까요? 나무처럼 몇백 년 어쩌면 몇천 년 그 자리에 서 있다면 아무리 오래 산다 한들 무슨 의미가 있을까요? 물론 나무의 삶이 의미가 없다는 건 아니죠. 사람들은 두 다리가 있어 어디든 갈 수 있다는 자유를 얻었다는 거지요. 그리고 그 자유의 여정이 길이 아닐까 하는 생각을 해봅니다.

 얼마 전부터 '길'이라는 테마로 한 방송 구성안을 쓰게 됐는데 주제가 길이다 보니 온종일 길만 떠올리며 해보는 생각입니다. 인트로intro로 쓰게 된 첫 문장에 제가 가진 평소의 생각을 이렇게 담아봤습니다.

 '길은 늘 그 자리 그대로 있었던 듯 자연스럽습니다. 저리 구불구불 자신의 몸 그대로 누워 있으니 말입니다. 그게 길이고 사람들은 그 길 위에 발을 딛습니다. 그것이 세월이 되고 역사가 되는 것이지요. 길은 가지 않으면 그저 길이지만 사람의 발길이 닿았을 때 역사가 됩니다. 그 위에서 만남이 이루어지고 이야기가 생기고 추억이 만들어집니다. 그게 여행인 거지요.'

이렇게 첫 운을 떼고서 중년남성의 발길을 따라 찾아가 보는 다양한 길. 그러다 보니 제가 살고 있는 도시에 대한 길을 생각하지 않을 수가 없더군요. 도시의 길은 회색의 콘크리트 건물들 사이에 부속된 이동 수단으로밖에는 어떤 의미도 없듯이 느껴지니 말이죠. 넓은 아스팔트길로 소음을 내며 빠르게 지나가는 자동차들, 각자의 목적지를 향해 바쁘게 걸어가는 무표정한 사람들. 실제로는 그렇게 삭막하지 않은데도 왜 우리는 도시의 길을 떠올리면 그런 이미지만 생각날까요? 그것 또한 관념에서 비롯된 선네 날이죠.

그래서 관념의 껍질을 한 꺼풀 벗겨 내고 도시가 가진 길의 속살을 들여다보곤 합니다. 때로는 씽씽 달리는 차 때문에 위험하니 그보다 좁지만 한적한 길로 옮겨 걷듯이 말이죠. 그런데 참 뜻밖에도 한적하고 편안하고 때론 고즈넉함으로 일부러 다리쉼을 하고 싶은 곳들을 쉽게 발견할 수 있지요.

묵직한 아파트 공기가 답답하게 짓누르고 있긴 하지만 문학의 향취를 맡을 수 있는 이상화 고택 골목을 지나, 보기만 해도 마음이 평온해지는 계산성당을 지나, 명나라에서 귀화한 두사충과 이웃집 여인과의 사랑 이야기가 솔솔 풍기는 뽕나무길을 지나, 온갖 약재 냄새만으로도 몸이 좋아질 거 같은 약령시 골목을 지나, 담쟁이넝쿨이 고풍스러운 옛 제일교회를 지나, 꿀떡, 팥떡, 인절미, 송편 한입에 꿀꺽 먹고 싶은 염매시장 떡집들을 지나, 비 오는 날이면 빈대떡 신사가 비칠거리며 걸어갈 거 같은 진골목을 지나, 마당 깊은 집에 도착할 거 같은 길들이 이 도시에 분명 존재한다는 사실, 참 즐겁지요!

사람이 있고 이야기가 있고 그래서 역사가 깊게 배인 그 길이 도시의 한복판에서 그리움처럼 사람들의 발길을 기다리고 있다는 것은 도시인들에게는 분명 행복한 일이지요. 다만 그 행복을 찾아가기에는 여유가 조금 부족하지만요. 그래도 마음만 있다면 즐길 수 있는 시간은 충분하지 않을까 싶네요.

도시의 길을 이야기하다 보니 조금 아까운 길이 생각나는군요. 바로 방천시장이지요. 예전에는 서문시장만큼은 아니지만 상당히 큰 시장이었다고 하더군요. 하지만 주변에 대형 백화점이 생기면서 점점 쇠락해져 갔다는데요. 언제인가 오래된 사진을 보니 신천이 정비되기 전, 꽤나 성황을 이루던

시장 풍경이 있었는데 그곳이 바로 방천시장이라고 하더군요.

몇 년 전에는 '전통시장 살리기' 차원에서 문전성시 프로젝트라는 이름으로 시장 활성화에 꽤 많은 노력을 기울였고 여전히 예술인들과 시장 상인들의 공존의 공간으로 지금까지 이어지고 있습니다. 또 김광석 벽화길이 있어 주말이면 그를 여전히 사랑하는 팬들의 발길도 적지 않지요. 하지만 시장을 살리기에는 역부족이어서 방천시장을 자주 찾던 저로서는 안타까움이 늘 남아 있습니다. 이런 마음을 지역문화를 고민하는 지인들과 주고받은 적도 꽤 되지요.

그래서인지 방천시장길을 걷다 보면 그 고민들이 어느덧 상상으로 퍼져가서 새로운 거리풍경을 만들어 내곤 합니다. 어떤 상점에는 기타가 걸려 있고, 어떤 상점에는 화구들이 진열돼 있고, 어떤 상점은 갤러리를 겸한 화실이 되고, 어떤 상점은 김광석의 캐릭터로 만든 아기자기 기념품들이 가득하고, 작은 소품을 직접 배우고 만들어가기도 하는 목공소도 있고, 거리 좌판에는 직접 만든 수공예품이 즐비하고, 어떤 곳에서는 수제쿠키를 굽고, 어떤 곳에서는 김광석 같은 가수 지망생들이 노래를 배우고, 창고를 개조해 만든 소극장에서는 뮤지컬을 연습하고…, 그야말로 방천시장이 예술시장, 문화시장(culture fair, culture market)으로 변모하는 상상이지요.

　상상이 현실로 이루어진다면 그것이 또 하나의 길이 되고 역사가 되겠지요. 그것이 길이 가지는 내력이기도 하고요.

봄, 적멸보궁 가는 길

 얼마만큼 가야 그의 눈을 닮을 수 있을까요? '바다에 처음 닿는 강물의 속살처럼 긴장된다'는 떨림보다 몇 백배 떨림이 작가의 말을 읽는 순간부터 전해져 옵니다. 순결한 여인의 속곳을 들여다보는 달뜬 남정네의 심정도 아니고 그저 자연 속으로 들어가 '자신 안의 나'를 내려놓겠다는 그 여행기가 왜 첫 문장부터 내 눈에서 눈물을 뽑아내는지 도무지 알 수가 없습니다.

 '여행에서 만나는 사람들이 갖는 각기 다른 슬픔의 종류와 뿌리까지 느낀다'는 작가에서 도대체 세상을 저 정도까지 통찰하려면 얼마나 크고 많은 슬픔의 상황과 맞닥트려야 했는지조차 가늠할 수가 없습니다. 하지만 '슬픔이 밥이고 힘'이라는 말에는 어느 정도 공감합니다. 그 정도쯤의 슬픔을 견딘 흔적은 있으니까요.

 새로운 것을 바라보는 설렘으로 가득한 이 봄. 이산하 시인의 『적멸보궁 가는 길』을 마주하고 글 안에 난 길을 따라가며 이 환한 봄에 내가 느껴야 하는 것은 무엇인가 고민합니다. 석가모니 진신사리를 모신 곳인 적멸보궁이 그러하듯, 산자락이거나 산속 깊은 곳에 자리 잡은 고찰의 추녀 아래에서 풍경소리를 듣는 듯 책의 길은 참 고즈넉합니다. 오래 묵은 고목 하나, 생활예술의 백미 같은 원통보전의 담장 하나, 먼 바다에 깨우침의 화두를 보내는 관음보살 눈길 하나, 바다를 따라 흐르듯 나 있는 길 하나…, 길 따라 발 따라 만나는 자연들, 사물들 그것들이 모두 그 속에서 적멸보궁 하나씩 가진 부처의 집이란 걸 작가는 드러내지 않고도 알려주는 듯했습니다.

매년 그랬습니다. 유난히도 겨울을 빠져나오는 터널이 참 길었다고. 작년에도, 재작년에도 그해마다 겨울이 유난히도 혹독했고 길다고 느꼈습니다. 그 유난스런 겨울의 터널을 올해도 여전히 지났지만, 올해는 여기에 더해 나의 적멸보궁을 찾아내야 하는 나이에 도달했다는 걸 깨닫습니다. '적멸보궁 가는 길'은 바로 그 깨우침을 주었습니다. 작가의 표현대로라면 함께 전국의 사찰을 다녔던 '백구두 신고 소주 마시던 땡추중'이라는 스님의 화두처럼 '지나가는 것이 다 헛되고 헛된 것인가' 이런 고차원적 물음도 슬쩍 해 보면서 말입니다.

아, 참 글이 어렵게 풀어지는군요. 그리 어린 나이도 아니고 아직은 세상의 허무를 느낄 나이도 아닌 아주 어정쩡한 나이인데 이거 참 괜한 무게로 스스로 짓눌러 버리는군요. '적멸보궁'이라는 단어에 너무 꽂혔나 봅니다. 아무튼 어떤 영화 포스터에 쓰여 있더군요. '잊기 위해 걷고 그리워서 또 걷는다'라고.

하루는 하루라는 길을 걷는 것이고, 일 년은 일 년의 길을 걷는 것이지요. 그렇게 걷다 보면 십 년, 이십 년, 사십 년 그리고 훌쩍 오십 년의 길을 가겠지요. 그게 두려운 거지요. 그걸 잊기 위해 지난 것에 대한 그리움을 찾듯 내 안의 적멸보궁을 찾는 거지요. 그래서 책의 저자인 이산하 시인에게 전화했습니다.

"선생님의 '적멸보궁'이란 뭔가요?" 하고 뜬금없는 질문을 했습니다.

정말로 뜬금없는 질문에 허허 웃으시더니 "현실에서 찾는 유토피아지" 하십니다.

'아! 유토피아…, 그 환상적인, 몸도 마음도 그저 행복하기만 한…, 그것이 적멸보궁…'

그러고 보니 산사 기행을 묶은 책인 『적멸보궁 가는 길』에는 엉뚱한 작가의 해학에 웃다가도 머리를 치는 순간의 깨달음과 사소한 것들에서 발견하는 삶의 철학 같은 것이 곳곳에 들꽃처럼 불쑥불쑥 피어 있었습니다. 작가의 내공을 역력히 느낄 수 있게 말입니다. 아무튼 이 봄날, 내 현실의 적멸보궁은 뭘까 다시 생각합니다.

그러곤 예전에 퍼포먼스를 위해 썼던 시 한 수를 찾아봅니다. 관객들의 신발 한 짝씩을 벗겨 검은 항아리 속에 넣고 펼치는 퍼포먼스를 위한 시, 「독 속의 사랑」이라는 졸작을 읽어보고 읽어보며 내 안의 적멸보궁이 어쩌면 '현재 이 시간, 이 자리'임을 어렴풋하게 깨닫습니다.

이 환장할 봄날에, 마침내 이기고 돌아온 개선장군 같은 봄날에, 적멸보궁을 둘러싸고 봄꽃은 피고….

그립고 고맙고

그는 참 촌스러워요. 가끔씩 보여주는 웃음에서도 촌티가 나니까요. 그런데 왠지 그런 모습이 참 좋더군요. 사실 촌스럽다는 것은 그만큼 정감이 가고 때 묻지 않았다는 뜻을 가지고 있으니까요. 저 역시 촌에서 태어났고 정서에는 늘 촌스러움이 묻어 있거든요. 그게 있다는 게 은근히 기분 좋기도 해요. 그만큼 사람 냄새가 난다는 말이기도 하거든요.

그렇다고 그가 도회적이지 않다는 것은 또 아니에요. 높은 빌딩에 앉아 있음직한 말끔하고 세련되게 차려입은 럭셔리한 도시 남자들과는 다르지만, 도시 뒷골목 라이브카페 '우드스탁' 같은 곳에서 조용하게 앉아 맥주를 마시거나 한 모금 담배를 품어대며 기타 줄을 맞추는 그런 모습이 참 어울리는 남자랄까요? 그런 모습도 도회적인 모습의 일부니 그에게도 도시 이미지가 다소 보이긴 하지요. 물론 순전히 제 자의적인 상상일 뿐이니 괘념치 말아 주세요.

터치만 하면 스마트폰을 통해 세상일들을 다 알 수 있고 영상통화로 보고 싶은 사람을 당장 볼 수 있는 이 시대에 촌스러운 그가 다시 주목받고 있다니 참 아이러니하죠? 문명이 발달하면서 채워지는 물질들 그러나 상대적으로 허전해지는 마음, 물질이 풍요로워질수록 사람들은 허무함의 종착지로 끝도 없이 달리는 시대랄까. 어쩌면 그 낯섦의 시간과 공간이 공존하는 시대에서 살아가는 우리들이 우연하게 듣는 그의 노래는 한순간 사람들을 무너지게 하는 거 같아요.

한이 섞인 듯 떨리는 그의 목소리에, 마치 자신의 이야기를 하는 것 같은 노래 가사에, 세포 하나하나에 들어앉은 음률에, 사람들은 평온함과 그리움과 감동으로 몸을 적신다 할까요? 그게 그의 노래죠. 그의 노래는 아픈 사람들의 마음을 달래는 치유제로, 그리움과 추억을 되새기는 향수로 여전히 사랑받고 있지요.

여기까지 읽으셨다면 그가 누군지 아시겠죠? 바로 '영원한 가객' 고(故) 김광석이죠. 저의 첫 편지도 그의 이야기여서 좀 뜨끔하지만요, 지금 서울에서 그의 바람이 엄청나게 불고 있다는 소식을 전하고 싶어서요. 어쿠스틱 뮤지컬 '바람이 불어오는 곳'을 그의 고향인 대구 중구 대봉동에서 올리고 서울 대학로로 입성했는데 반응이 상당히 뜨겁다는 전갈이에요.

대구가 대구뮤지컬페스티벌을 열면서 뮤지컬도시니 해도 사실 지금까지 대구의 뮤지컬이 서울에서 호평을 받은 예는 '만화방 미숙이' 정도로 미미하잖아요. 거기에다 대구 출신의 가수로 1990년대를 풍미했던 주옥같은 명곡을 불렀고 그의 삶과 노래는 많은 사람들에게 회자되며 사랑받고 있으니까요.

현재 대학로에서는 그의 노래를 소재로 한 뮤지컬인 '바람이 불어오는 곳'과 함께 많은 자본과 호화로운 캐스팅으로 화제가 된 대형 뮤지컬 하나가 나란히 오르고 있는데 거기에서 엄청난 선전을 하고 있다니 대견하죠.

공연을 보고 가신 많은 사람들이 온라인 카페나 블로그 등에 감상평을 올리고 각 언론에서도 리뷰 기사가 많이 올라왔는데 대부분 긍정적인 평가더군요. 2013년 최고의 힐링 뮤지컬이라는 말이 무색하지 않을 정도로 많은 사람들이 뮤지컬 속에서 김광석을 느끼고 그의 노래를 들으며 치유 받았다고 하니까요.

그중에서도 참 마음에 와닿은 리뷰가 있었지요. 국악 평론을 하시고 국악 FM DJ로 활동하는 윤중강 씨 평인데요.

"김광석은 금강석이다. 김광석 혹은 김광석의 노래는 돌처럼 보이지만, 다이아몬드였다. 그리고 또 하나 더 의미 부여를 한다면 김광석에게선 왠지 부디스트적 느낌이 나는데, 그의 노래와 가사가 마치 금강경의 현실적(생활적) 주해$_{註解}$처럼 느껴진다. '바람이 불어오는 곳'은 김광석(혹은 김광석 노래)의 주석임에는 틀림없다."

시인, 오월에 삶을 묻다

붉은 영산홍이 참 촌스럽다고 생각한 적이 있었지요. 장미처럼 고혹적인 붉은색도 아니고 철쭉처럼 아예 분홍색도 아닌, 그 뭐랄까요. 붉은, 빨간…, 이런 수사를 붙이기에는 어정쩡한 색을 가진 꽃이 영산홍이니까요. 적어도 제겐 말이죠.

그런데 언제부턴가 영산홍이 예쁘게 보이기 시작했어요. 정확하게 언제부터인지는 확실하지 않지만 혼자가 아닌 무리 지어 있을 때 그 한뎬 꽃무리를 봤을 때의 아름다움을 발견하고부터인 듯해요. 영산홍에는 첫사랑, 꿈, 희망, 열정, 사랑의 기쁨, 이런 꽃말이 있네요. 아마도 그건 꽃이 가진 색과 무관하지는 않은 듯합니다. 우리나라 사람들에게 붉은색은 전쟁에 대한 트라우마에서 기인하는 레드 콤플렉스로 다가오기도 하지만요. 붉은 계열은 역시 젊음, 태양, 에너지, 뭐 이런 이미지가 강하니까요.

아무튼 진달래보다 늦게 피고 철쭉보다는 일찍 피어 그 어중간한 자리를 매우는 둘째 같은 꽃, 영산홍이 더 붉게 보이는 오월이네요. 급작스레 날아든 한 통의 부음. 그 때문이기도 하겠죠. 부음의 주인 직함은 '시인', '詩人', 틀림없는 시인이죠. 2002년도인가요? 출판사 '삶이 보이는 창'을 통해 『근로기준법』이라는 시집을 펴낸 육봉수 시인. 내 핸드폰 전화번호 이름에는 '욕봉수'로 잘못 기재돼 있어 번호를 찾을 때마다 '육'이 아닌 '욕'을 찾아야만 했던, 가끔 문학 모임에서 술이 거나해지면 욕지거리로 부조리한 세상을 단죄했던 그가 세상을 떠났다는 전갈을 받았어요. 참 허무하지요.

인터넷에 이름을 치면 당시 시집의 정가 5천 원에서 할인된 3천 950원이 찍힌 그의 시집 '근로기준법' 책 소개가 나오는데요. 이렇게 되어 있지요. '시인이 직접 노동조합 활동 속에서 겪은 노동과 투쟁의 각 국면 및 노동 운동가의 고민을 형상화한 구체적이고 생생한 보고서다.' 마치 '전태일 열사' 평전 소개글과 비슷한 느낌이 들지요. 이 소개글을 보면 그가 노동자였고 현장에서 노동자 권리를 위해 싸우며 쓴 시임을 알 수 있지요. 그래서 평소 그에게 선생님이라는 호칭을 썼지요. 그는 그랬어요.

"미강 씨, 선생님이라고 하지 말아요. 내가 뭐라고."

내가 그에게 붙인 선생님이라는 호칭은 단순한 호칭이 아니라 나름대로의 존경이었어요. 세상을 살면서 자기 것들을 온전히 바쳐 부조리한 것들에 대항하기가 쉽지 않으니까요. 대부분 혼자의 넋두리쯤으로 끝나고 말잖아요. 하지만 그는 시를 통해 노동현장의 열악한 상황들에 분노하고 '땀 흘리는 자'로서 당연한 권리를 문학의 입으로 말했어요. 살면서 '나'가 아닌 '우리'를 위해 앞장서서 목소리 내기 힘들잖아요. 특히 노동현장에서는 더욱 그렇잖아요. 전태일 열사가 온몸을 불사르며 노동자 인권을 부르짖었기에, 수많은 노동열사들이 목숨을 내놓는 싸움을 했기에, 그나마 지금의 노동자 인권이 구현되고 있으니까요.

'몸을 움직여 일하다'. '육체와 정신을 써서 일하다'라는 뜻으로 엄연히 국어사전에 나와 있는 '노동'勞動이라는 신성한 단어조차 붉은색으로 규정히며 '노동사'(勞動者: 노동력을 제공한 대가로 임금을 받아 생활을 유지하는 사람)가 아닌 일본식의 '근로자'(勤勞者: 육체노동이나 정신노동의 대가로 받는 소득으로 생활하는 사람)를 굳이 사용하려는 사람들이, "나는 노동자다, 노동에 대한 정당한 대가를 요구한다"라고 외치는 사람들에게 빨간딱지를 붙이고 불순분자로 모는 현실이 지속되고 있어요. 그는 "그래 근로라는 말이라도 좋다. 그렇다면 법에 나와 있는 근로기준법이라도 지켜다오" 하며 시로써 외쳤던 거지요.

　문학을 공부하던 대학시절, 청록파 시인이신 박두진 교수님께서 그러시더군요.

"문학은 시대를 반영하고 담아내야 해. 자신의 삶을 투영해야 해."

　유난히 도드라진 목젖이 더욱 도드라지게 힘주어 하시던 말씀이 아직도 생생하군요. 저도 그런 시를 쓰고 싶었지요. 그런 문학을 하고 싶었지요. 하지만 머리만 있을 뿐 가슴이 부족한 탓인지, 노력이 부족한 탓인지 겉돌기만 하더군요. 육봉수 시인을 '선생님'이라는 호칭으로 부르는 이유이기도 하지요.

　다시 생각해도 깡마른 체구에 쓴 소주를 안주도 마다하고 마시던 그가 세상을 떠났다니 믿기지가 않네요. 그의 상가에 가니 한 귀퉁이에 앉아 여전히 쓴 소주를 들이켜며

"왔어. 여어 먼저 간 사람 보고 와. 한잔 마시게. 힘들어도 이승이 나은디, 왜 이리 인생이 소주처럼 쓰다냐"라며 그가 한 마디 거나하게 던져줄 거 같더군요.

　이제 그는 가고 시집 『근로기준법』이 시인의 입이 되겠지요.

　영산홍처럼 혼자일 때보다 힘을 합했을 때, 모였을 때 더

아름다워 보인다는 것. 그는 알고 있었겠지요. 그가 오월에 삶을 묻은 이유도 그래서인가 봅니다. 우리 시대의 영원한 노동자 시인 육봉수!

벌거숭이 임금님들의 세상

 어릴 적 읽은 동화가 생각나는 세상이네요. 왜 있잖아요. 최고의 실로 짠 최고의 옷을 입고 거리 행진을 하던 '벌거숭이 임금님'. 벗은 몸으로 거리를 행진하는 임금님을 향해 최고의 옷을 입은 멋진 임금님이라고 극찬하며 박수를 치던 사람들. '바보의 눈에는 보이지 않는 옷'이라는 사기꾼들의 말에 속아서 임금도 신하도 백성들도 '바보'가 되지 않기 위해 '세상에서 가장 아름다운 옷'이라고 극찬하는 진풍경. 그때 한 꼬마가 그러죠

 "임금님이 옷도 안 입고 다니네. 벌거숭이 임금님이다. 우헤헤헤."

 동화를 읽으면서 어른들의 모습과 생각이 어찌나 바보스럽던지 "에이 그런 어른들이 어디 있어? 치"하고는 동화작가가 약간 모자라다고 생각했었지요. 그런데 커서야 안데르센이 얼마나 뛰어난 작가인지 알게 됐지 뭐예요. 아주 짧은 동

화지만 그 안에는 인간의 허영심과 가식, 위선은 물론 권력에 아부하는 인간의 심리까지 아주 예리하게 꿰뚫고 있으니까요. 그걸 어린아이의 눈을 통해 기막히게 풀어놨으니까요.

그런데 말이죠. 요즘 벌거숭이 임금님들이 참 많다는 생각이 드네요. 자본주의 사회에서는 절대 권력이 슬프게도 돈이잖아요. 그러니 이 시대에서 돈이 많은 사람들은 스스로 임금이라고 생각하고 있겠죠. 돈만 있으면 어디 가서든 임금님 같은 최고의 대우를 받으니 말이죠. 돈과 권력은 진실을 거짓으로 바꿔 놓기도 하고 거짓을 진실로 바꿔 놓기도 하잖아요.

아, 여기에는 우화인 '양치기 소년'도 살짝 삽입해 보면 참 재미있겠네요. 늑대가 왔다고 끊임없이 거짓말하는 양치기 소년. 우화에서는 양치기 소년의 거짓말에 속지 않으려는 마을 사람들이 진짜 늑대가 왔을 때 달려오지 않았잖아요. 거짓말이 얼마나 참혹한 결과를 가져오는지 알 수 있는 우화인데요. 현대판 양치기 소년은 끊임없이 거짓말을 하지요. 벌거벗은 임금님의 사기꾼들이 쓴 수법을 차용하는 거지요. '늑대가 왔다고 소리 지르는데도 오지 않는 마을 사람은 사람의 탈을 쓴 늑대다'라고 말이죠.

"에이, 그렇기야 하겠어?" 하지만 세상은 그러고 있는 거 같아서요. 가장 꼭대기에는 뭔가 우리가 모르는 절대 권력이 존재하고 있겠죠. 그것이 결국 돈과 연관되는 것은 자명한 일이고요. 그리고 참 많은 벌거숭이 임금님들을 만들어 내지요. 인간이 가진 허영심에 불을 지르고 갖가지 진귀한 것들을 눈앞에 펼쳐 보여요.

'이것이야말로 최고의 것이다. 이렇게 해야만 존경을 받는다. 이렇게 하지 않으면 당신은 임금이 아니다' 임금님들의 귀에는 환청이 들릴 정도겠죠.

'난 풍족하니깐 그래서 난 최고니깐.' 요즘 유행하는 그야말로 '갑'인 거죠. '갑'으로서의 조건은 무조건 많이 남겨라, 최대한 착취하라, 말 그대로 '최소의 금액으로 최대의 효과를 누려라'인데 그렇게 얻어진 돈으로 누릴 수 있는 최대한의 것들을 누리죠.

아, 이야기가 좀 곁가지로 새어 나갔네요. 그런데 이 이야기는 해야겠어요. 벌거숭이 임금님들이 숫자놀음에 점점 더 빠지고 있다는 거예요. 대학평가에서 가장 중요한 것은 취업률이 된 지 오래고 모든 게 수학도 아닌 산수에 의해 좌지우지되고 있잖아요. 최고의 상아탑에서 인간의 문화와 역사, 예술과 철학을 공부한다는 자부심은 깡그리 무너지고 취업이 가장 잘되는 과가 최고의 학과로 인정받고 있잖아요. 그 정도까진 자본주의 사회니 참아줄 수 있어요. 그런데 이제는 '순수예술을 공부하는 학과는 취업률을 높이지 못한다'는 이유로 아예 없애고 있거든요. 그런데 참 놀라운 것은요. 우리나라 문자를 배우는 국문학과도 위태롭다는 거예요. 벌써 한 대학이 학생 수가 줄어들고 취업률이 낮다는 이유로 폐지를 논의하고 있다고 하네요. 이쯤 되고 보니 참, 그 임금님들이 옷만 벗은 게 아니라 지켜야 할 정신까지 벗어버린 듯해요.

아, 벌거숭이 임금님 이야기를 하다 보니 참 여러 갈래로 말들이 튀네요. 마치 냄비에서 팝콘 터지듯 하네요. 어떤 방향으로 가는지 전혀 예감하지 못하고 타다닥 세상 밖으로 튀는 팝콘들. 벌거숭이 임금님들이 그렇다고요. 아니 사람들이 돈에 의해 권력에 의해 팝콘 같은 벌거숭이 임금님들이 사방에서 생겨난다고요.

아, 수습을 어떻게 해야 하지요? 오늘은 좋은 생각이긴 한데 행복편지는 아닌 듯해요. 조금은 불편한 진실이 담겼으니 말이죠. 그런데 벌거숭이 임금님들에게 거짓 없이 있는 그대로 '벌거벗었다'고 얘기해 줄 해맑은 아이들은 어디 있는 거죠?

엄마의 여름 '차미'

 엄마의 여름은 늘 노란색입니다. 시원한 푸른색도 아니고 바람 냄새 머금은 초록색도 아니고 봄에나 어울릴 법한 노란색이죠. 왜냐면 말이죠. 엄마가 좋아하시는 과일이 참외거든요. 과일 중에서 참외를 제일 좋아하는 엄마는 콧김이 더 이상 견디기 힘든 날씨가 되면 단 참외 하나로 행복해하셨죠. 여름이면 참외를 달고 사는 엄마를 보며 아버지는 재미있는 별명 하나 붙여주셨지요. '꺼꿀 참외'.

 "니 엄마는 꺼꿀 참외여. 거꾸로 있어도 참외를 먹을 겨. 저 봐 얼굴까지 참외를 닮았잖여 허허."

 그럼 엄마는 밉지 않은 시선으로 아버지를 흘겨보시곤 하셨지요. 애정 어린 타박으로 엄마를 놀리시던 아버지는 돌아가셨지만 엄마는 여전히 참외를 즐기십니다. 참외 알이 톡톡 차오르는 시기가 되면 엄마에게 한 상자씩 보내드리곤 하는데 그때마다 엄마는 "아이구 내가 딸을 안 낳았으면 어쩔 뻔

했냐" 하시며 엄마가 하실 수 있는 최고의 찬사를 저에게 보내곤 하시죠.

작년인가요? 참외 한 상자를 사 들고 모시로 유명해서 내겐 늘 하얀 느낌의 고향인 충청도 한산으로 갔지요. 아버지에 대한 그리움의 끈을 놓지 못하고 여전히 아버지의 전파사 문을 열고 계시는 엄마에게 말이에요. 자주 갈 수 없으니 이것저것 싸들고 간 딸에게 "고마워, 너밖에 없어 나 생각해 주는 건" 하시며 딸이 가져간 짐을 선물 보따리 풀듯 푸시더군요.

"아버지 제사 지내는 오빠는 참 서운하겠다" 하니 "니 오빠도 잘 허지" 하시며 선물 받은 어린아이처럼 즐거운 표정인 엄마. 그런 엄마를 바라보며 '그래도 참 다행이다. 엄마가 살아계시니까' 이런 생각이 스쳤지요. 나이가 들면 어린아이가 된다고, 가끔 전화해서는 "자식들 있어봤자 소용없다"고, "전화 한 통화도 없고 엄마가 살면 얼마나 산다고" 투정 부리시곤 하는데 점점 왜소해져 가는 엄마 모습이 왜 그리 서글퍼지는지요.

자꾸 기억력이 흐려지신다는 엄마는 대부분의 물건이며 음식물에 글씨를 써넣으시지요. 그날도 엄마는 아버지 제사상에 올릴 참외를 신문지와 비닐로 꼭꼭 싸서 냉장고 야채칸에 넣어두셨는데 그 위에 쓴 두 글자가 눈에 와 아프게 박히는 거예요. '차미'. 엄마가 그리 좋아하는 과일은 '참외'가 아니라 '차미'라는 걸 새삼 깨닫게 되는 순간이었지요. '참외'가 엄마만의 글자인 '차미'로 바뀐 순간, 난 왜 그렇게 애잔한 눈물을 속으로 흘렸을까요? 그 시절, 여느 부모님들이 대부분 그러했잖아요. 집이 어려워서, 학교가 너무 멀어서 배움의 끈을 잡지 못한 부모님 세대. 엄마도 그중 한 분이셨으니 평생 글자에 대한 두려움이 얼마나 크셨을까요.

그 두려움 때문에 면사무소에서도 은행에서도 병원에서도 뭘 쓰라고 하면 덜덜 떠시던 엄마. 그러니 아예 그쪽으로 갈 일을 안 만드시려고 무던히 애쓰셨을 엄마. 사실 어릴 땐 그런 엄마가 싫었거든요. 아버지와 전파사를 하시던 엄마는 옷도 머리도 멋 낼 줄 아셨던 분이셨지요. 하지만 신문도 읽지 못하고 등본 하나 떼는 것조차 못 하시던 엄마가 짜증나기도 했거든요. 그게 엄마에겐 얼마나 큰 두려움이었는지 그땐 왜 몰랐을까요? 그런 부분에서 엄마는 나이 들수록 점점 안정을 되찾으시는 듯했어요. 나이를 먹는다는 건 그런 일에 대해서는 부끄럽지 않아도 된다는 걸, 엄마 스스로가 터득하셨다는 듯이 말이에요.

엄마는 이제 뭔가 쓸 일이 있으면 병원에서는 간호사에게 부탁하고 면사무소에서는 면 직원에게 부탁한다고 하셨지요. 사실 배우지 못한 사람에게 모르는 건 죄가 아니잖아요. 특히 부모님 세대에게 말이에요. 그 긴 세월을 꿍꿍 앓고 남모르게 부끄러워했을 엄마를 생각하니 '차미'라는 글자가 엄마의 서툰 인생길 같아서 더 아파 왔어요. 아버지가 돌아가신 후, 여러 해를 불안해하며 더 많은 짜증과 투정으로 힘들게 했지만, 그런 엄마에게 한달음에 달려가지 못해 전화로 더한 짜증을 부린 딸이기에 더욱 그러했지요.

올해도 엄마에게 맛난 참외 한 상자 보냈어요. 그 참외가 다 떨어지기 전에 또 한 상자 사 들고 고향에 가야지요. 그리고 아버지 대신 '꺼꿀 참외'라는 별명을 불러주며 이제는 이가 약해서 수저로 긁어 드시는 엄마의 무릎에 잠시 누워야겠어요. 엄마의 '차미'만큼 달콤한 꿈을 꾸려고요. 그래야 엄마의 여름이 조금은 덜 덥고 덜 외로울 거라는 거 알고 있으니까요. 얼마 전 아버지 제사상에 오른 참외도 참 달았는데…, 아버지도 '엄마의 차미'를 달게 드셨겠지요?

늑대의 진실

 살다 보면 말이죠. 평소 우리가 알고 있었던 것들이 사실과 다르다는 것을 알게 될 때가 있지요. 특히 그것이 상식처럼 회자되고 있는 것들에 대해서는 진실을 얘기해 줘도 머릿속에 돌처럼 굳어서 도통 알려 하지 않잖아요. 최근에 그런 걸 하나 발견했어요. 그래요. '찾아내거나 처음으로 알아내다'는 뜻의 '발견'이라는 단어를 꼭 적용하고 싶은 그런 사실 말이죠. 이름하여 '늑대의 진실'에 대해서요.

 우리가 '늑대'라는 말을 입밖으로 옮겼을 때 어떤 느낌인지 아시죠? '저 남자는 꼭 늑대 같아, 징그럽고 무서워'. 이런 말이 소설이나 드라마에 자주 등장하잖아요. 늑대라는 동물은 무섭고 잔인하고 뭔가 꿍꿍이가 있는, 음흉하고 야비한 그런 이미지로 비치잖아요. 물론 도발적이고 야성미 넘치는 이미지로 남자를 통칭하지만 말이죠. 그래서 '남자와 여자'를 '늑대와 여우'로 표현하는 게 일반적인 상식이고요.

그런데 최근에 온라인을 통해서 이런 글이 퍼지고 있더군요. '여성들이여! 늑대 같은 남자랑 꼭 만나라', '늑대 같은 남자 어디 없나요?'. 제목만 봐서는 '뭐 이런 상식 밖의 글들이 있나' 의문을 갖지만요. 클릭해서 읽어보면 '아, 그렇구나, 그랬구나, 허 참' 하고 연신 고개를 끄덕이게 됩니다. '늑대의 진실'을 알게 된 거지요.

늑대는 우리가 알고 있는 거와 달리 평생 한 마리의 암컷만 사랑한다고 해요. 자신의 암컷을 위해 목숨까지 바쳐 싸우는 유일한 포유류이기도 하고요. 자신의 짝이 먼저 죽으면 가장 높은 곳에서 슬피 운대요. 또 사냥한 음식을 암컷과 새끼에게 먼저 먹인다고 하는군요. 암컷과 새끼가 편안하게 음식을 먹을 수 있도록 주위를 살피며 망을 보는 거지요. 그리곤 온 가족이 다 먹고 난 후에야 음식을 먹는다고 해요. 정말 가족애가 넘쳐나지요. 진정한 아버지의 모습이 아닐까 싶네요.

무엇보다도 늑대의 진실을 통해 감동 받은 부분은 10여 마리 정도 무리 지어 사는 공동체 생활에서 리더인 우두머리에 대한 부분인데요. 우두머리 늑대가 공동체를 통솔하는데 무리에서 싸움이 났을 경우, 힘센 늑대에게 장난을 걸어 공격성을 약화시킨다고 하네요. 힘으로 제압할 줄 알았는데 말이죠. 또 우두머리가 난폭하고 사나워지면 무리를 떠나는 늑대들이 많아진다고 해요. 더 이상 공동체 생활을 유지하지 못하고 흩어지는 거지요. 그래서 새로운 우두머리를 뽑을 경우, 무리 내 모든 늑대들의 동의를 얻어야만 그 자리에 오를 수가 있다는군요.

우두머리 늑대는 사냥을 혼자 나서는데 먹잇감을 찾지 못하면 무리들에 대한 걱정과 슬픔으로 운다고 해요. 그 소리를 들은 무리들은 우두머리를 향한 격려의 울음을 울고요. 정말 신통방통하지요. 이런 걸 보면 '사람보다 낫다'는 말이 나올 법하지요. 권력에 눈이 어두워 온갖 권모술수와 공권력을 남용하면서까지 그 자리를 유지하려는 인간들과는 사뭇 다르잖아요. 자, 이 정도면 우리가 늑대를 얼마나 오해했는지 아시겠죠?

늑대의 진실에서 알 수 있듯이 우리는 사실이나 진실과는 전혀 다르거나 다소 거리가 있는 지식들을 평소 가지고 살아가지요. 저도 그런 적이 있었어요. 분단이라는 아주 특수한 상황에 놓여 있으니 그럴 법도 하지만요. 전 어릴 적에, 북한 사람들은 모두 몸이 빨갛고 머리에는 뿔이 달린 줄 알았어요. 그 당시 가장 많이 붙어 있는 벽보가 '쥐를 잡읍시다'와 '때려잡자 공산당 무찌르자 북괴군'이라는 문구였어요. 누군가 장난으로 그린 그림이겠지만 가끔 그 벽보 옆에는 빨간색으로 뿔 달린 괴물이 그려져 있기도 했지요. 참 흉측한 모양새죠. 그런데 크면서 그들도 우리랑 같은 사람의 모습이란 걸 알게 됐지요. 더군다나 형제자매이기도 했던 그들과 우리가 분단으로 인해 만나지 못하는 아픔을 안고 살아간다는 것도 알게 됐지요. 지나고 보니 참 우스운 일이었어요. 웃기지만 가슴에선 싸하게 슬픔이 묻어 나오는 그런 블랙코미디처럼 말이죠.

지금도 우리 사회에는 여전히 잘못된 정보와 지식이 넘쳐나고 있지요. 하지만 미스미디어와 인터넷 발달로 인해 자기가 맘만 먹는다면 잘못된 지식을 바로 고쳐내는 게 예전보다 훨씬 쉬워졌지요. 특히 소셜네트워크시대에 사는 우리로서는 그 진실을 찾아내는 데 어렵지 않잖아요. 그건 마치 난폭하고 무능한 늑대의 우두머리가 문제 있다는 걸 무리들의 의견을 통해서 알 수 있는 것처럼 말이죠.

살아가는 동안, 전 가급적 올바른 정보와 진실만을 알고 살기를 바라죠. 대부분 누구나 다 그런 생각일 거에요. 한 자리 차지하기 위해 어떤 계략을 쓰는 사람이 아니라면 말이죠. 잘못된 정보나 선입견, 허위 사실을 터득하는 데 '늑대의 진실'은 참 좋은 길잡이가 아닐까 싶어요.

오리할아버지의 퇴임식

'오리할아버지'라는 별칭을 가지고 계신 분이 계세요. 그분을 아는 사람들이라면 누구신지 잘 알 거예요. 다들 오리할아버지라고 즐겨 부르니까요. 물론 그분도 자신이 오리할아버지로 불리는 걸 좋아하시죠. 시인이신 김선굉 선생님은 오리할아버지라는 별칭을 얼마나 좋아하시는지

나는 오리할아버지/세상에서 가장 어설픈 몸을 가진/세상의 모든 오리들의 할아버지/~중략~/저 녀석들이 꽹꽹꽤앵, 하지 않고/꽤액꽤액, 하는 것은 할아버지 존함 그대로 부르기가 좀 뭣해서/제 딴에는 약간 비틀어 부르는 것이다.
　　　- 김선굉 시인의 「오리가 올 때가 되었다」 중에서

이런 시까지 쓰셨지요.

꽤 오래전 여름시인학교 교장 선생님으로 만난 오리할아버지를, 그해 시인학교를 관장하는 시인인 줄만 알았지요. 한데 알고 보니 당시 교단에 계신 분이셨고 몇 년 후에는 교장으로 승진하셨지요. 어쩐지 교장이라는 직함이 참 잘 어울린다 싶었는데 말이죠. 그분과 지인으로 연을 맺은 지도 십여 년이 되어 가는데요. 저를 만나면 한결같은 목소리로 "쌀뜬물 새댁(제 이름이 '쌀米자 강江자'이니 직역하면 딱 그리 되지요), 밥은 먹고 다니나? 굶지 말고 밥 잘 먹어야 잘 사는 거래이" 하시곤 했어요. 그런 오리할아버지의 첫 물음에 "아니요. 아직 못 먹었어요" 하면 "이런 우짜노, 밥 먹으러 가자"며 괜찮다는 저를 식당으로 데려가 기어이 밥을 사주시곤 하는 자상한 분이시죠.

그 오리할아버지께서 얼마 전, 구미 인동고등학교를 끝으로 교직 생활을 마치셨어요. "외부인들 초청 안 하고 그냥 조용하게 하니 오지 말라"는 전언이 있었지만, 평생 바친 교단을 내려오시는 그분의 아쉬움을 함께 나누고 싶어 하는 몇몇 지인들과 참석을 했지요.

강당은 북적대는 시장 같았는데, 그 북적임이 순간 함성으로 바뀌는 거예요. '뭐지?' 하고 주위를 둘러보니 오리할아버지가 무언가를 목에 걸고 퇴임식장으로 들어오시는 거예요.

자세히 들어보니 그 함성에는 "교장 선생님 사랑해요, 오리할아버지 사랑해요." 뭐 이런 소리가 뒤섞여 있더군요. 사실 저도 초등학교부터 고등학교까지 다녀봤지만 담임 선생님이면 몰라도 교장 선생님한테까지 '사랑해요'라는 말은 해본 적도, 들어본 적도 없어서요. 참 의아했죠. 오리할아버지 목에는 노란색 오리 모양의 커다란 엽서 같은 것이 걸려 있었는데 하도 궁금해서 식이 끝난 후 가까이 가서 보니 깨알같이 쓴 학생들의 편지였어요.

'오리할아버지 제가 만난 교장쌤 중에 가장 최고셨어요, 할아버지 보면 제 외할아버지의 추억이 떠올라 1년 반 동안 좋았어요, 오리할아버지는 제가 본 교장 선생님 중에 제일 학생을 챙겨주시는 선생님이세요, 인자하신 모습 절대 잊지 않겠습니다, 제가 만나 본 선생님 중 최고예요' 등등.

아이들의 마음이 구구절절이 깨알같이 적혀 있었어요.

심지어는 '저를 버리고 가시는 님은 십리도 못 가서 발병나요. 가지 마세요 ㅠㅠ' 하는 귀여운 협박성(?) 글이 있는가 하면 '할아버지가 하는 모든 이야기는 재밌고, 아침밥 먹으라고 하시는 것도 너무 맘에 들어요'. 이런 흐뭇한 글도 있었어요. 하여간 보는 사람마다 밥 챙겨 먹으라는 말씀은 꼭 하고 다니시더군요. 이 글만 보더라도 오리할아버지가 얼마나 아이들에게 좋은 교장 선생님이었는지 알겠더라고요.

퇴임식에서는 오리할아버지와의 헤어짐을 아쉬워하는 학생들 마음을 더 많이 읽을 수 있었는데요. 퇴임식이 아니라 학교 축제처럼 아이들의 춤과 노래로 채워지는 거예요. 노래는 어떤 아이돌그룹의 노래인 듯한데 '누구보다 아파해주던 그대가 있어~' 뭐 이런 가사가 들렸어요. 가사에서의 '그대'가 오리할아버지인 듯 그 느낌이 가슴으로 전해지더군요.

그러다 스무 명의 아이들이 우르르 나와서는 아이돌댄스를 하고. 도대체 울렸다 웃겼다 하는 통에 정신이 하나도 없었어요. 식전 행사 격인 아이들의 노래와 춤이 끝나고 본격적인 퇴임 인사와 답사가 이루어졌는데 답사하는 선생님도 학생도 우는 통에 내빈으로 긴 나도 덩달아 눈물을 흘렸지요. 마지막으로 한 학생이 나와서 '인연'이라는 노래를 부를 때는 거의 감동이었지요. 우리가 아주 어릴 적 졸업식에서나 보던 광경이 스승과 제자의 간극이 자꾸만 벌어지고 있는 이 시대에 펼쳐지니 말이에요.

단밀중학교 교장 선생님일 때는 아이들을 위해 더운 여름철 시원하게 지내라고 풍덩풍덩 놀 수 있는 연못을 만들어주시더니, 선주중학교에서는 학교가 아파트로 둘러싸여 삭

막하다며 학교 숲을 손수 만드시더니, 인동고등학교에서는 학교 뒷산으로 오르는 '하늘빛길'을 만드셨던 오리할아버지.

 자연이 곧 스승이라며 자연과 아이들이 가깝게 지낼 수 있도록 마음을 쓰시던 오리할아버지 같은 교장 선생님이 내게도 계셨다면 학창 시절이 더 행복하지 않았을까 하는 부러움이 퇴임식 내내 들었습니다. 아무튼 오리할아버지의 퇴임식은 연못에서 노는 한 무리의 오리들처럼 와자지껄했습니다.

국수 먹기 좋은 날

아마 향긋한 바람이었을 거예요. 향기로우면서도 구수한 바람이 뺨을 스칠 때쯤 난 5일장 맨 뒷자리에 자리 잡은 국숫집으로 향하곤 했지요. 여름의 무더위가 어느 정도 식을 즈음이었으니 아마 이맘때쯤일 거예요. 가을이라 해도 햇살은 따가웠으니 그 기운으로 알곡들은 더 꽉 차고 과일은 더 단단해지는 때였으니까요. 국숫집으로 향하는 시간은 서너 시가 지날 무렵이었는데 서서히 장이 파해가는 시간이었어요. 유년의 우리 마을 5일장은 다른 지역보다 좀 빨리 파장을 맞는데 그건 특산물인 모시를 내다 파는 모시장이 이른 새벽에 서기 때문이래요. 새벽 불빛에서 봐야 흰모시의 가늘기가 얼마나 고운지 알 수 있다는 이유 때문이지요. 그래서 장이 서는 1일, 6일은 늘 덜 깬 잠으로 아침부터 병든 닭처럼 밥상 앞에서 꾸벅꾸벅 조는 게 다반사였지요.

아무튼 아침에 뽑아서 긴 젓가락 같은 막대기에 양쪽으로 갈라서 넌 국수가 적당하게 마른 그 시간쯤 우린 국숫집을 어슬렁거리며 주인아주머니 몰래 널어둔 국수의 끝을 톡톡 잘라먹었는데요. 그 맛이 얼마나 꿀맛이었는지 먹어보지 않은 사람은 알 수 없을 거예요. 우리 악동들은 그 시절 한동안 마른국수 끊어 먹는 재미에 푹 빠졌는데요. 국숫집 아주머니는 맘이 좋으셔서 우리가 차양처럼 가려진 국수 가락에 몸을 숨기고 국수를 톡톡 끊어 입에 물고 있으면 "안으로는 들어오지 말고 바깥에 있는 것들만 손대야. 널어 논 안쪽으로 들어오면 다 끊어져서 팔도 못햐" 하며 소리 지르셨어요. 그럼 우리 악동들은 '어떻게 아셨지? 분명 몰래 숨었는데?' 하고는 혼비백산 도망치곤 했지요.

지금 생각해 보면 참 우스운 광경이죠. 햇살에 비친 투명한 국수 사이로 우리의 실루엣이 비친다는 걸 모른 거죠. 마치 도둑고양이처럼 한발 한발 디디며 국수에 손대는 우리 모습이 아주머니에게는 얼마나 우스꽝스럽게 보였을까요. 그때 도망치던 모습이 내 뇌리 속에서 여전히 선명한데, 숨 몰아쉬느라 벌린 입 안에는 침과 범벅이 된 국수 그리고 가을 햇살이 한가득이었어요. 한참을 뛰어서 학교 담벼락에 기대어 우리끼리 깔깔거리며 웃던 모습도 눈에 선하네요. 흰 국수 가락에 닿은 햇살은 들판의 벼처럼 황금빛으로 물들곤 했는데 우리가 먹었던 마른국수는 황금 웃음과 추억으로 소중한 삶의 영양소가 돼 있네요.

그래서 이맘때쯤이면 그 마른국수가 먹고 싶어져요. 시중에서 파는 멋들어지게 포장된 국수가 아닌 햇살에 온몸 다 내주고 뻣뻣하게 자존심 세우며 마른, 국수 말이에요. 손님 손에는 신문지로 둘둘 말려 팔리는 마른국수. 이제 어디에서 그런 국수를 살 수 있고 맛볼 수 있을까요? 아, 그리고 보니 국수 하면 또 생각나는 게 있는데요. 손으로 정성스럽게 반죽해서 밀대로 밀고 종종종 써는 손칼국수네요.

경상도 사람들은 유독 손칼국수를 좋아들 하죠. 그야말로 어머니의 손맛을 느낄 수 있는 국수인데요. 밀가루를 치대고 반죽해서 밀대로 민 다음, 칼로 썰어 만든 국수이기 때문에 손칼국수라고 하겠죠. 실 좋은 멸치와 다시마를 넣고 우려낸 국물에 국수를 넣고 삶다가 길쭉하게 썬 배추를 넣어 다시 한소끔 끓여낸 국수. 조선간장에 고춧가루와 참기름, 깨소금을 넣고 파, 풋고추를 송송 썰어 넣어 만든 양념간장을 한 숟가락 넣어 먹으면 그야말로 속이 다 후련하고 개운하죠.

국수는 중국에서 시작돼 전 세계로 퍼진 음식이라는데요. 몇 년 전인가 '누들로드'라는 다큐멘터리에서 국수의 역사를 시작점에서부터 따라갔었지요. 3천 년 전 중국에서 처음 만들어 먹었고 서양의 스파게티로 이어지는 국수의 역사는 마치 인류의 역사처럼 참 흥미로웠어요. 특히 국수가 처음 음식으로 만들어졌을 때는 아주 귀해서 상류층에서나 먹던 음식이었다는데 세월이 흐르면서 가장 서민적인 음식으로 되었군요. 하마터면 큰일 날 뻔했네요. 그 맛난 국수를 먹을 수 없었다면 우린 인생에서 한 가지의 행복을 누릴 수 없었을 테니 말이에요.

고려시대에는 귀한 음식이어서 제사나 잔치 등 특별한 날에 먹는 음식이었지만 조선시대 요리서인 '음식디미방'에는 '달걀을 밀가루에 섞어 반죽하여 칼국수로 하여 꿩고기 삶은 즙에 말아서 쓴다'고 소개될 만큼 점점 대중적인 음식으로 자리 잡았으니 얼마나 다행이에요. 지방마다 넣는 재료나 방법에 따라 '잔치국수, 유두국수, 손칼국수, 팥칼국수, 올챙이국수, 생선국수, 고기국수, 장칼국수, 콩국수, 비빔국수, 메밀국수, 막국수….' 막 떠오르는 대로 적어 봐도 열 가지는 족히 넘으니 국수의 변신은 끝이 없는 거 같군요.

아, 이 볕 좋은 가을날, 국수 어떠세요? 시원하고 맑은 멸치국물에 조물조물 무친 신 김치와 호박볶음, 계란지단이 맛깔스럽게 올라간 잔치국수나 할매, 엄마의 손맛이 깊은 손칼국수, 태양초고추장과 식초의 새콤한 맛이 별미인 비빔국수. 가을은 입맛 돋우는 국수 먹기 딱 좋은 날이에요.

물들어 간다는 것

 만추晩秋라는 단어를 접할 때마다 가슴 한구석이 허전해진다면 세월의 무게가 어느 정도 나간다고 할 수 있지요. 늦을 만晩, 가을 추秋. 늦은 가을이라는 이 한자어에는 쓸쓸함도 허전함도 그래서 느끼는 공허함도 다 들어 있는 듯해서요. 간혹 찰 만滿 자로 혼돈하기도 하지만 뭐 그것도 맞는 듯해요. 다 채워졌기에 늦어진 것이니까요.

 이맘때쯤 되면 전국의 조금 이름 있다 하는 산은 단풍보다 더 화려한 옷을 입은 사람들로 북적이지요. 겨울이 되기 전, 절정에 다다른 자연의 옷을 보고 싶은 까닭이겠지요. 붉고 노란 때론 갈색이 어우러져 색색의 주단을 펼쳐 놓은 듯한 단풍이 실은 나무들의 생존 전략이라는데요. 추운 겨울을 나기 위한 나무 나름대로 터득한 생활 방식인 거지요.

 기온이 내려가면 모든 것이 얼고 그럼 나무가 섭취할 영양분도 적어지잖아요. 겨울을 견디기 위해서는 나뭇잎 하나하나에 공급해 주던 영양분을 차단하는데 나뭇잎과 가지 사이에 '떨켜층'이라는 것을 만든다고 해요. 하나의 차단막이라고 할 수 있는데 이 '떨켜층'이 생기면 이파리는 뿌리로부터 영양분을 공급받지 못하니 활동을 멈추게 되는 거지요. 그럼 잎의 엽록소가 파괴되고 자가분해가 진행되는데 엽록소의 자가분해과정에서 안토시안이 생성되는 나무는 붉은색이나 갈색 계열로 물들고, 안토시안이 생성되지 않는 나무는 엽록소의 녹색에 가려서 평소에는 보이지 않던 잎 자체의 노란색 색소들이 드러나면서 노란 단풍이 들지요.

그러다 그동안 머금었던 수분조차 다 마르고 나면 낙엽이 되어 말라 떨어지는 거지요. 그 떨어지는 모습이 참 쓸쓸하지만 그 자리에 떨어진 낙엽들은 다른 식물이 자라지 못하게 하는 역할을 하니 끝까지 제 본분을 다하는 거지요.

어찌 보면 우리네 인생과도 참 많이 닮았다는 생각이 드는군요. 나무로 봐서는 살아남기 위한 준비이고 몸만들기이지만, 나뭇잎 하나하나로 생각하면 늙어가는 것이잖아요. 봄에 새순으로 피어나 풍성한 여름을 맞고 가을에 가장 화려한 절정의 모습을 보여준 후에 겨울에 안식하는 나뭇잎의 생. 나뭇잎의 이런 '나고 죽음의 반복'으로 나무는 그 자리에서 오랜 세월을 굳건하게 뿌리내리며 살잖아요.

나무를 하나의 가문, 하나의 민족, 하나의 국가로 생각해 보면 개개인은 나뭇잎에 포함되겠군요. 가지의 새순으로 태어나 햇살도 함께 맞고 바람도 함께 견디어 내어 풍성하고 다디단 열매를 맺고 생의 가장 절정의 순간을 온몸으로 피워 낸 후 떨어져 스스로 나무의 자양분이 되는 나뭇잎의 생애처럼 그렇게 순기능의 삶을 산다면 세상은 얼마나 아름다울까요? 생각만 해도 근사하지 않나요? 나뭇잎은 다른 나뭇잎을 미워하지 않고 시기하지 않고 질투하지 않고 그저 자기 자리에서 그렇게 충실히 나뭇잎 모습 그대로 살아내고 있으니 말이에요.

그러고 보니 물들어 간다는 것은 생의 가장 완벽한 모습이자 가장 완전한 희생이군요. 삶의 터전이었던 나무의 성장을 위해 자신 안의 본질을 다 내어놓고 스스로 물들어 겨울을 맞이하기 전, 가장 화려한 나무로 만들어 주는 나뭇잎들.

'20세기 가장 완전한 인간'으로 평가받는 체 게바라의 시가 떠오르는군요. 시인이자 혁명가였던 체 게바라는 '리얼리스트'라는 시에서 이렇게 말했지요.

'너무 외로워하지 마! 네 슬픔이 터져 빛이 될 거야!'

이 가을, 어떤 낭만적인 시보다도 나뭇잎의 생을 극명하게 말해 주는 시가 또 어디 있나 싶을 만큼 슬픈 환희를 느끼지요. 어쩌면 죽음을 눈앞에 두고 자기 생의 가장 최고의 색을 내어 세상에 자신의 존재를 알리는 나뭇잎들의 생처럼 나도 그렇게 살아야겠다는 다짐도 하게 되는 시이기도 하고요.

그래요. 물들어 간다는 것은 세상을 향해 가장 잘 살아간다는 것, 자신의 존재 가치를 각인시키는 일인 거 같아요. 잘 물들어 가기 위해 잘 준비해야겠어요. 그래야 스스로에게 부끄럽지 않은 나뭇잎이 될 거 같아서요.

곧 단풍은 낙엽으로 떨어질 것이고 우린 쓸쓸함을 느낄 겨를도 없이 겨울 속으로 들어가겠지요. 가을의 끝자락, 만추가 다 가기 전에 예쁘게 물든 단풍들에게 '정말 잘 살아냈다고, 너는 세상의 빛이라고' 그렇게 말해 줘야겠어요. 이 가을이 다 가기 전에 말이에요.

침묵하는 달에서
마음 깊은 곳에 머무는 달로

 간혹 새로운 달(月)이 시작될 때 인디언의 언어로 '이번 달은 어떤 달일까?'를 찾아보곤 하지요. 그들의 언어는 자연을 닮아서 사람의 이름은 물론 자연의 현상과 변화까지도 그 흐름과 느낌대로 부르잖아요. 아주 오래전에 나온 영화 중 '늑대와 춤을' 기억하시나요? 영화를 보지 않았을 때는 '저 뜬금없는 영화 제목이란?' 하며 의아해했었지요. 영화를 본 후에야 '늑대와 춤을'이 백인이면서 인디언들과 진한 우정을 나눈 주인공 '존던바 중위'에게 붙여준 인디언식 이름이었다는 것을 알게 됐지요. 늑대와 잘 노는 그를 보고서 붙여준 이름. 그의 연인 이름은 '주먹 쥐고 일어서'고요. 그 영화 이후에 우리들은 인디언식 이름을 붙여 부르기를 유행처럼 즐겼던 기억이 나네요.

 그때까지만 해도 우린 인디언들을 '고요했던 미국의 마을을 습격하고 손도끼 등 원시적 무기로 잔인하게 사람들을 죽이는 무지하고 난폭한 종족'이라고 알았었지요. 그도 그럴 것이 인디언들에 대한 지식이라고 해 봤자 서부영화를 통해 본 것이 대부분이었으니 당연할 법도 하지요. 인디언들의 입장에서 보면 평화롭게 살았는데 어느 날 난데없이 쳐들어온 백인들에 의해 터전을 빼앗겼으니까 저항은 당연한 것이고 그들의 방식대로 싸운 것이지요.

따지고 보면 사람을 살상하는 무기로서 별반 다를 게 없지만 한 방으로 목숨을 앗아가는 총이 더 무섭고 두려운 무기잖아요. 아무튼 서부영화에서는 피해자가 가해자로 바뀌고 가해자가 오히려 피해자로 바뀌는, 말도 안 되는 상황이 자연스럽게 연출됐고 우린 그 영화의 허구에 속아서 인디언들에 대한 적개심마저 들었으니까요.

'늑대와 춤을' 본 이후, 인디언들에 대한 생각은 확연히 달라졌어요. 삶터를 침범하고 자기들과 문화와 언어가 다르다는 이유만으로 미개인으로 몰아세웠던 침입자들에게 그들의 저항이 얼마나 가련한지요. 한때 일본 제국주의에 의해 나라를 빼앗겼던 우리 민족으로서는 그 아픔과 설움이 더더욱 크게 다가왔는지도 모르겠어요.

인디언들은 말을 많이 하지 않지만 말 한 마디 한 마디에 심금을 울리는 그 무엇이 있는 거 같아요. 인간 또한 자연의 일부이기에 스스로가 만물의 영장이라는 오만함을 갖지 않고 자연과 더불어 존재한다고 믿고 그런 삶의 방식을 택했다는 것이 정말 경이롭잖아요.

그래서 내 생애에서는 더 이상 맞을 수도 없는 2013년의 마지막 달인 12월을 그들의 언어로 찾아봤어요. 체로키족은 '다른 세상의 달', 크리크족은 '침묵하는 달', 퐁카족은 '무소유의 달', 샤이엔족은 '늑대가 달리는 달', 아파치족은 '큰 겨울의 달', 호피족은 '존경하는 달', 벨리마이두족은 '하루 종일 얼어붙는 달' 등등 부족마다 12월의 이름도 다르더군요. 아무래도 지역마다 기후나 환경 또는 정서가 다르니까 명칭도 다르게 붙였겠지요.

이렇게 인디언의 12월의 명칭들을 찾아보다 보니 그 말뜻들이 슬프게 다가오는군요. 특히 올해는 말이죠. 언제부턴가 우린 상황에 치이고 경제력에 대한 압박감 때문에 주위의 사람들이 공권력에 의해 내몰리고 업신여겨지고 삶의 절망 앞에서 울부짖는데도 다른 세상의 일처럼 바라보고, 하루 종일 얼어붙은 가슴으로 살고, 두려움에 떨며 침묵으로 일관하는 거 같아서요. 무소유는 있는 사람에게 있어 더 소중해야 하는데 가진 것이 미미한 사람들에게 무소유를 강요하는 그런 세상인 거 같아서요. 그런 일들이 지금은 다른 사람들의 일이겠지만 어쩌면 곧 나에게도 닥칠 수도 있는 일임을 생각해봤으면 좋겠어요.

인디언들이 인간을 자연의 일부로 생각하고 서로 보이지 않는 연결고리로 이어져 있다고 생각하듯이 우리 인간의 일이라는 게 결국 연결돼 있잖아요. 그러면서 한 해를 보낼 때마다 가장 많이 듣는 '다사다난'多事多難이라는 말이, 일도 많고 어려움도 많았던 다사다난이 아닌, 생각도 많았고 따뜻함도 많았던 '다사다난'多思多暖으로 바뀌었으면 좋겠다는 생각을 해보네요. 그래야 12월의 순우리말인 '매듭달'처럼 한 해를 잘 마무리하고 매듭지을 수 있지 않을까요. 아리카라족의 1월인 '마음 깊은 곳에 머무는 달'처럼 우리가 서로 깊은 마음으로 아끼고 사랑할 수 있는 새해를 맞을 수 있게요. 그렇게 함께할 수 있을까요?

불안도 힘이 된다면

'편하지 않다'는 뜻의 불안不安을 느껴본 적이 있으신가요? 사람이라면 누구나 경험하는 두려움의 감정 말이지요. 안정되지 않고 뭔가 뾰족한 절벽 위에 서 있는 듯한 느낌.

좋아하는 가수가 부르던 '불안은 영혼을 잠식하고'라는 노래를 가끔 흥얼거리는데요. 그럼 오히려 불안한 마음이 조금 안정이 되곤 하지요. "불안은 영혼을 잠식하여 진청에 그림자를 드리우고/단꿈에 마음은 침식되어 깨지 않을 긴 잠에 든다" 노래 첫 구절을 반복해서 부르다 보면 어느 사이인가 마음이 편안해지기까지 하니 참 스스로 생각해도 아이러니한 거 같아요.

얼마 전 비틀스 멤버였던 '존 레넌'을 즐겨 그리는 권기현 화가가 전시회에 갔었는데요. 그 전시회에서도 예의 '존 레넌' 얼굴을 그린 그림이 전시돼 있었지요. 몇 번을 덧칠해서 마치 부조인 듯 도드라진 얼굴 곳곳의 색감들이 거칠면서도 부드럽고, 어두우면서도 눈부실 만큼 밝은 기운을 느끼게 하는 그림이었어요. '존 레넌'의 삶의 흔적인 듯, 다양한 색들 속에서 우수와 해맑음, 단호함과 유연함이 어우러져 있는데, 그림 속 '존 레넌' 눈빛은 '가장 명징한 눈빛'이라는 인상을 받았지요. 그야말로 부드러우면서도 직시하는 강렬한 눈빛을 마주할 수 있었는데요. 특히 코발트블루의 색감이 주는 안정감과 어우러져 더욱 빛났지요.

작가에게 물었지요.
"저 느낌은 무얼까요? 어떤 생각을 하며 그림을 그리시나요?"
그는 조용히 미소 지으며 이렇게 말하더군요.
"나의 그림은 불안에서 나옵니다. 어릴 적의 트라우마, 괴테를 읽으며 세상을 혐오했던 느낌, 그리고 예술가와 가족을 책임져야 하는 가장의 경계에서 겪는 경제적 갈등, 사회에서 발생하는 다양한 부조리들, 그것들로 인해 불안해지는 자신."
그는 어쩌면 자신의 그림의 힘은 불안일 수도 있다고 하더군요. 그래서 반전운동을 펼치고 평화를 사랑했던 '존 레넌'

을 그리며 위안을 얻는다는 그가 참 아름다워 보였습니다.

  아주 오래전 한 스님한테서 들은 우화 한 토막이 생각나네요. 지금은 그 출처를 알 수 없지만 '흑서백서黑鼠白鼠'라는 제목으로 기억되는군요.

"한 사람이 길을 걷다가 사자에게 쫓기게 되었답니다. 사자를 보고 기겁해 도망치던 그 사람은 허허벌판에서 우물을 발견했고, 곧바로 그쪽으로 뛰어갔는데 다행히 밧줄 하나가 우물 안으로 늘어뜨려져 있었답니다. 급한 대로 그 밧줄을 타고 우물 아래로 내려가는데 중간쯤 가다 보니 우물 바닥에 독사들이 득시글거려서 그만 중간에서 멈춰 버렸답니다. 우물 위에서는 사자가 으르렁거리고 그 아래에는 뱀이 우글거리고 있는데 설상가상으로 어디선가 흰 쥐와 검은 쥐가 양쪽에서 밧줄을 갉아먹고 있더랍니다. 이 사람의 운명은 그야말로 백척간두百尺竿頭의 상황에 놓인 거지요. 곧 죽어야 할 운명에 놓인 이 사람이 '이제 꼼짝없이 죽었구나' 하고 한탄하는데 그때 입안으로 한 방울의 달콤한 꿀이 떨어지더랍니다. 위를 쳐다보니 우물 중간 틈에 벌집이 끼어 있고 거기에서 떨어진 꿀이었답니다. 그 사람은 자기가 처한 상황도 잊고 오로지 다시 한 번 그 꿀을 맛보려고 입을 벌리며 꿀이 떨어지길 기다렸답니다."

꿀이 입에 닿는 그 짧은 순간, 그 사람은 행복했겠지요. 그때 이야기를 해 주신 스님은 사방팔방으로 어찌할 수 없는 상황, 그것이 인생이고 그 꿀 한 방울이 바로 행복이며 희망이라고 하셨습니다. 참으로 오래전 들은 이야기인데도 힘들 때면 기억 속에서 꺼내 자신을 다독여보곤 하는 우화지요.

인기 철학자 강신주 씨가 이런 말을 하더군요.

"삶은 일단 아프다. 가끔가다 아픈 게 가실 때가 있는데, 우린 그걸 행복이라고 말한다"라고.

늘 행복하다면 행복幸福이라는 단어가 굳이 우리가 생각하는 '삶에서 기쁨과 만족감을 느껴 흐뭇한' 그 상태는 아니겠지요.

불안하다는 것은 그것을 넘어서 평온을 만날 수 있다는 희망 같은 게 아닐까요? 불안도 힘이 되고 슬픔도 힘이 되고 분노도 힘이 된다면 용기도 생기고 살맛도 좀 더 나지 않을까 해서요. 무엇이라도 지펴야 따뜻해지니까요.

천천히 천천히

벌써 3월이 다가오네요. 나이가 들면 그 나이만큼 인생의 속도도 빨라진다더니 정말 그런 것 같군요. 나이 30이면 30km로 가는 것 같고, 40이면 40km로 가는 것 같다던데 요즘 생각해 보면 그 두 배의 속도로 가고 있다는 느낌이네요. 하긴 우리를 둘러싼 세상은 온통 빠른 것 투성이잖아요. 기차는 처음 달렸던 속도의 몇 배로 빨라져서, 서울과 대구 간 거리를 2시간 이내로 좁혀 놨잖아요. 고속도로를 씽씽 달리는 자동차들과 세계 어디든 가고 싶은 나라로 당장 떠날 수 있는 비행기들.

세상도 빨라지고 세월도 빨라졌는데 인생도 빨라지다니, 이 속도를 어떻게 따라갈지 갈수록 점점 막막해지는군요. 그래서인가요? 몇 년 전부터 여러 방면에서 이는 '슬로 라이프 Slow Life' 운동에 관심이 가더군요. 얼마 전 지나간 책을 뒤적이다가 '슬로라이프 운동'을 펼치는 일본인 '쓰지 신이치' 씨의 인터뷰를 보게 됐어요. 문화인류학자이자 환경운동가인 쓰지 씨는 경쟁 논리로 피폐해진 인간의 삶을 되돌려놓기 위해 '슬로 라이프운동'을 주창했지요. 그가 한 말 중에 정말 무릎을 탁 치게 하는 말이 있었어요.

'경제經濟라는 용어는 원래 경세제민經世濟民이라는 말에서 나왔는데 이는 세상을 잘 관리하는 사람을 이롭게 한다는 뜻'이며 결국 '경제란 기본적으로 환경과 다른 사람들로부터 우리가 받게 되는 모든 은혜를 의미한다'고 하더군요. '경제를 추구할 때는 환경과 타인의 속도를 존중하지 않으면 안 된다'는 그는 '슬로는 곧 자연의 속도'라고 하더군요.

세상이 이처럼 빠르게 변하는 게 결국 조금 더 잘 먹고 잘 살겠다는 인간들의 욕망에서 비롯된 건데, 쓰지 씨의 말대로라면 우린 경제의 본래 뜻을 거스르고 속도를 위반하며 살아왔다는 말이지요. 그 속도위반이 환경을 무너뜨리고 자연을 파괴하고 인간성을 상실하게 하고 빈부 격차를 넓혀놓은 주범이 된 거지요.

하지만 세상은 이미 이런 속도위반을 알고 있지요. 그런데도 자본을 주무르는 사람들은 거꾸로 더 속도를 내라고 강요하지요. 분명 그것이 엄청난 불행을 가져오리라는 걸 알고 있으면서 자신과는 상관없다는 듯 말입니다. 쓰지 씨는 '한 사람 한 사람이 한 걸음 한 걸음 가속페달로부터 발을 떼고 내려왔을 때 그 발자국 속에서 피어나는 대안의 새싹을 본다'고 해요. 하지만 앞만 보고 달려가는 지금 여기, 우리의 상황들이 '시스템에, 장벽에 부딪히기 전에 우리 스스로 힘을 길러야 한다'는 그의 권유를 받아들일까요? 과연 이 바쁜 시대에 먹힐까 우려가 되네요.

얼마 전 경주 산내에서 청자의 비색을 재현하기 위해 평생 불과 싸우고 있는 해겸 김해익 선생님을 찾아가 뵈었지요. 그분 집안은 대대로 옹기를 구워온 집안인데요. 해겸 선생은 옹기를 넘어 토기와 청자로 이어지는 도자기 비법을 찾는 데 심취해 있었지요. 혼자 전국을 다니며 흙을 찾고 가마를 연구하고 유약을 공부했지만 결국 청자의 비색은 불에서 나온다는 것을 알게 됐다고 해요. 불의 온도, 불의 색깔, 불을 때는 방법 등등 지난 수십 년간 제대로 된 청자를 만들려고 불 앞에서 자신의 인생을 태워 온 거지요.

실로 오랜만에 찾아간 그날도 선생님은 가마 앞에서 불을 때고 계셨는데요. 선생님은 얼마 전에 구운 청자라며 보여주셨는데 비색은 아니었지만 그건 마치 신안 앞바다에서 꺼내놓은 듯 고귀해 보였어요. 청자라는 것이 오로지 비색만이 아니라 쑥색 계열의 푸른색도 포함되는 것이어서 선생님의 작품은 박물관에서 봤던 그런 고려청자와 흡사해 보이더군요. 불은 선생님의 오랜 시간처럼 그윽하지만 깊은 열정처럼 붉은 기운을 장작 속에 머금고 있었어요. 10일을 넘게 가마 안에 있는 작품들을 달궈내는 장작불과 선생님은 겉으로는 느리게 보였지만 분명히 엄청난 결과를 품은 거지요.

청자를 만들겠다는 일념으로 평생을 보내온 한 도공의 느린 시간과 정신없는 속도로 살아가는 현대인들의 시간 중 어떤 시간이 가치가 있을까요? 물론 그 나름의 가치는 다 있겠지만요. 한번 곰곰 생각해 볼 일이지요. 조금은 천천히 느리게 내 인생의 시침을 맞춰보는 건 어떨까요.

4월, 꽃들에게 희망을

 현호색, 얼레지, 노루귀, 처녀치마, 별꽃, 동자꽃, 애기똥풀…, 참 예쁜 이름들이죠. 봄과 함께 피어나는 우리 들꽃들이에요. 우리나라 야생화 중 봄에 피는 들꽃만 100여 종이 훨씬 넘는 걸로 알고 있는데요. 그 많은 꽃이 겨우내 땅속에서 숨을 고르고 몸을 키우며 봄단장을 한 거지요. 그리곤 단단한 땅을 연한 머리로 뚫고 따뜻한 햇볕을 따라 세상 밖으로 나온 거지요.

 연한 보랏빛이거나, 하얀색이거나, 병아리 같은 노란색이거나 품어내는 빛깔도 다르고 동자승에 대한 애틋한 이야기가 담겨 있다거나, 생김새가 처녀치마 같거나, 별을 닮았거나 등등에 따라 이름도 다른데요. 하지만 봄을 타고 온 이 들꽃들 모두 이성부 시인의 절창 '봄'에서처럼 더디게 더디게 마침내 올 것이 오고, 가까스로 두 팔을 벌려 껴안아 보는, 그야말로 '먼 데서 이기고 돌아온' 생명들이기에 더 기특하고 반

가운 건 매한가지인 거지요.

곧 들꽃들이 더 밝고 힘차게 봄바람을 온몸으로 맞을 4월이에요. 그럼 벌도 나비도 꽃들의 향기를 맡으며 날아들 거에요. 꽃들에게 희망이 되는 4월이 된 거지요. 이쯤에서 '트리나 폴러스'의 '꽃들에게 희망을'이라는 책이 떠오르네요. 호랑 애벌레와 노랑 애벌레가 나비가 되기까지 겪는 모험과 사랑에 대한 내용인데요. 예쁜 그림과 함께 흘러가는 글들이 동화 같지만, 인생에 대한 깨달음이 담긴, 아주 깊이 있는 내용이죠.

'먹고 자라는 것만이 삶의 전부가 아니다'란 의문을 갖는 호랑애벌레와 모든 애벌레들이 운명처럼 기어오르는 애벌레 기둥, 그리고 고치의 고통을 겪은 후 노랑나비로 변신하는 노랑 애벌레의 이야기는 사기를 버려야만 온전한 삶을 찾을 수 있다는 변신의 진실을 알게 해 주지요. 수많은 애벌레가 애벌레기둥에서 내려와 고치를 만들고 나비의 꿈을 이루는 마지막 부분에서는 뭔가 나 자신도 고치의 고통을 감내하면 나비처럼 훨훨 세상을 날 수 있을 것 같은 희망을 품게 했는데요. 특히 내용 중에 용기를 주는 말이 있어요.

"삶이란 험난한 거야./하지만 넌 할 수 있어/넌 분명 나비가 될 수 있어/기다리는 용기만 있으면 돼."

그 험난한 길을 헤쳐갈 수 있는 열쇠가 기다림이라니, 어찌 보면 참 쉬운 일인 것도 같지만요. 과연 세월을 견디고 기다린다는 게 그리 녹록하지만은 않겠지요. 가장 단순하게 생각한다 해도 봄꽃들이 피어나 아무리 길어도 한 달여를 넘기지 못하고 진 후에, 다시 꽃 한 송이 피울 때까지 세 번의 계절을 땅속에서 견뎌야 한다고 생각하면 그야말로 기다림은 숙명 같은 것이 아닐까 싶네요. 물론 다년생 꽃일 경우라고 가정했을 때 말이지요.

결국 애벌레도, 꽃도 자신에게 주어진 운명에 맞서 견뎌야만 하늘을 나는 나비가 될 수 있고, 다음해에도 세상 밖으로 나와 예쁜 꽃을 맘껏 피울 수 있다는 거지요. 그게 기다림이고요.

4월, 꽃들뿐 아니라 세상의 모든 생명이 희망 하나씩 건져 올리기를 바라면서 「꽃들에게 희망을」이라는 졸시 한편으로 이번 편지를 마칠게요.

> 당신을 만나기 전에는 내 안에
> 나비가 있다는 것을 몰랐지요.
> 나비는 하늘을 날 수 있고
> 날 수 있다는 것은 꿈을 꿀 수 있다는 것이지요.

희망을 이룰 수 있다는 것이지요.

당신은 삶을 견디려면
희망이 있어야 한다고 알려주었어요.
나비는 미래의 내 모습이라고 말해줬어요.
아름다운 날개로 땅과 하늘을 이어주는 나비
꽃에서 꽃으로 사랑의 씨앗을 날라다 주는 나비
나비가 없으면 꽃들도 곧 사라지게 될 거라고
그러니 나는 꽃을 피울 수 있는 꽃들의 희망이라고

내 안에 나비 한 마리, 날개를 푸득거려요.
어쩌면 나비는 이미 만들어지고 있을지도 몰라요.
나비가 되면 진정한 사랑을 할 수 있어요.
새로운 생명을 만드는 사랑

자, 두려워하지 마세요.
삶이란 원래 험난한 거예요.
꼭대기에 오르려면 기어오르는 게 아니라 날아야 해요.
우리들은 모두 나비가 될 수 있어요.
꽃들에게 희망을 주세요.

자, 날개를 펴요.

- 권미강의 시 「꽃들에게 희망을」 전문

이 시대의 역린

4월은 이제 잔인하지 않을 거라 소망했지요. 먼 나라 영국 시인 T.S 엘리엇의 시가 해마다 4월의 꿈을 잔인하게 만드는 거로 생각했었지요. 4월에 대한 선입견을 던져준 시 '황무지'. 하지만 올해 4월은 정말 잔인하고 잔인해서 그 마음을 어디에 두어야 할지요. 온몸이 바짝바짝 마르고 정신은 어디 둘 곳도 없이 황무지가 돼버린 듯합니다.

불과 얼마 전까지 다투어 피던 봄꽃들에 취해있던 사람들이 순간, 지는 꽃들처럼 망연자실해져 버린 이 잔인한 봄날. 누구에게도 말 걸기 어렵고 그저 속보를 통해 들려오는 진도 팽목항 상황에 귀 기울이며 현실인지 꿈인지조차 분간할 수 없는 이 잔인한 봄날. 어른들은 아이들에게 뭐라 변명을 해야 할까요. 이제 꽃봉오리같이 어여쁘게 올라와 환하게 나비를 맞고 하늘을 치받칠 꿈에 부풀어 있는 아이들에게 지켜주지 못해 미안하다는 말밖에는 할 수 없군요. 뉴스를 보는 것조차 두려워 애서 외면하지만 그래도 기적이라는 것이 존재하기를 바라며 아이들의 생환 소식이라도 있을까 짬짬이 인터넷 기사를 검색하곤 했지요.

그런 와중에 소위 정치를 한다는 어른들은 해서는 안 될 망언과 경거망동으로 국민의 공분을 사고 있군요. 그들에게 정치는 출세와 권력에 대한 기반일 뿐 국민을 진심으로 생각하는지 의문이 고개를 듭니다. 신동엽 시인의 '껍데기는 가라'를 그들에게 외쳐대고 싶군요. 그들의 안중에 국민이 있기는 있는 건지.

곧 개봉될 영화 제목인 '역린'이라는 단어가 확 다가오는 것은 바로 이 답답하고 기가 막힌 현실을 보면서 '백성이 곧 하늘'이라는 말을 국민 스스로 찾아야 한다는 것이지요. '역린逆鱗'의 뜻을 국어사전에서 찾아보니 '용의 턱밑에 거슬러 난 비늘을 건드리면 용이 크게 노한다는 전설에서 나온 말로, 임금의 분노를 비유적으로 이르는 말'이라고 나와 있군요. 임금 등 절대 권력자의 신임을 얻었거나 사랑을 받는다 할지라도 그의 노여움을 사면 응징을 면하기 어렵다는 뜻이군요.

물론 영화는 조선의 22대 왕인 정조가 즉위하고 나서 1년 만에 벌어지는 왕의 암살에 대한 이야기입니다. 영화 '역린'의 배경은 정유역변이라는 사건으로 '정조시해 미수사건'으로도 알려져 있군요. 영화에서라면 역린은 '임금의 노여움'이겠지요. '짐이 곧 국가'라는 왕정시대가 아닌, 지금 21세기 분명히 민주주의국가라면 국가의 주체는 '국민'이라는 것을 부정할 수 없으니 이 시대의 '역린'은 '국민의 분노'로 봐야겠지요.

대다수 국민의 신임을 얻고 국민 대표로서 국가 살림을 맡는 사람들을 뽑는 선거를 통해 자리에 오른 사람들이나 국민이 낸 세금으로 월급을 받으면서 나랏일 하는 사람들이 처음의 마음대로 국민의 안위를 위해 책임을 다했다면 이번 같은 황망한 일이 되풀이되겠나 싶군요. 적용의 폭이 조금은 과한 생각도 들지만 적어도 분명 이 상황은 이 시대의 '역린'을 살 만하다는 생각이 드는군요.

단원고 정문에는 안타깝게 세상을 떠난 아이들을 위한 추모와 이 뒤도 희망을 잃지 않고 살아 돌아오기만을 바라는 촛불이 켜져 있습니다. 하지만, 바람에 꺼질까 종이컵에 꽂아두고 기도하는 사람들의 마음과는 아랑곳없이 시간이 지나길 기다리는 사람들도 있겠지요. 슬프게도 그들은 몇 사람 죗값을 치르게 하고 사고의 진짜 원인은 흐지부지 가려버리겠지요. 전 국민이 '외상 후 스트레스 증후군'에 시달려도 그냥 시간이 지나면 해결해 주겠거니 치부해 버리겠지요. 아이들이 겪을 어른들에 대한 불신도 크면 다 알게 되고 치유된다 하겠지요.

 삼풍백화점이 무너졌을 때도, 성수대교가 붕괴했을 때도, 서해페리호가 침몰했을 때도 그렇게 시간이 지나면 해결해 줬으니 또 그렇게 될 것이라는 안일한 생각을 하겠지요. 지금까지 국민이 겪어온 것이 그러하니 그렇게 '이런들 어떠하리 저런들 어떠하리' 하겠지요.

 하지만, 이 시대의 '역린'은 크게 달아올랐다는 것을 여전히 자신들의 처세에만 눈이 먼 위정자들이 알았으면 합니다. 슬프고 잔인한 2014년 4월, 그러나 끝까지 희망의 끈을 놓지 않고 기적 같은 생환 소식을 간절히 기다려 봅니다.

여전히 슬픈 봄날에

 바람이 불면 아카시아 향기가 달달하게 스쳐가던 5월도 절반을 넘어섰군요. 붉은 넝쿨장미의 고혹적인 자태마저 올해는 슬프게 느껴지네요. 저만 그러겠어요? 한 달 넘게 '세월호'의 침통한 일들이 먹구름처럼 뒤덮었으니 누구 하나 없이 울적한 봄을 보낼 밖에요.

 이 환장할 봄날에 고 박완서 작가가 전쟁이 났던 자신의 스무 살을 기억하며 쓴 문상이 떠오르네요.

 "인류으로도 머리로도 사랑으로도 상식으로도 이해 못 할 것 천지였다."

 6·25전쟁이 발발한 이틀째인 1950년 6월 27일 밤 10시, 전쟁으로 불안해 있는 서울시민들에게 이승만 정부는 '서울을 사수할 것이니 국민은 동요하지 말고 생업에 종사하라'고 했다지요. 하지만, 대통령은 전쟁이 일어난 지 46시간 만인 27일 새벽 2시에 심야 특별열차를 타고 대전으로 피란을 갔다

는군요. 그리고 대전에서 '아군이 의정부를 탈환했으니 서울 시민들은 안심하라'는 방송을 내보냈다지요. 서울에 있다고 굳게 믿은 대통령이 안심하라는 방송을 했으니 시민들은 당연히 안심할 밖에요.

하지만 다음 날인 28일, 서울은 탱크를 몰고 온 북한군에 의해 점령당했지요. 시민들을 내버려 두고 거짓 방송을 한 거지요. 참 허탈하군요. 좌초된 '세월호'에서 '위험하니 안전한 선실 내에서 기다리라'는 방송을 하고 자신들은 탈출한 선장과 선원들의 모습과 어찌 그리 흡사한지요.

피란을 가지 못하고 서울에서 있어야 했던 박완서 작가는 그 당시를 벌레처럼 산 시간이었다고 회상했지요. 3년 여간 치러진 전쟁에서 피란 가지 못한 시민들은 북한군의 강제 동원으로 부역해야 했고, 국군의 서울 탈환 때에는 부역죄가 적용돼 즉결처분을 받아야 했다지요. 그저 살겠다는 본능적인 방어가 이쪽저쪽에서도 죄가 된 거지요. 1·4후퇴 때에는 시민증이 있어야지만 한강을 건너 피란 갈 수 있었다는 기막힌 그 시절, 듣기만 해도 끔찍했던 세월이네요.

인간의 식량자원을 위해 없어서는 안 될 중요한 곤충인 꿀벌의 세계를 들여다보면 흥미로운 것이 많은데요. 하나의 개체이면서도 그 개체가 모여 군락을 이루는데 그 군락을 뗄 수 없는 하나의 유기체로 본다고 하는군요. 군락 자체가 유기체인 생물을 '초개체'(super organism) 생물이라고 하는데 개미와 벌이 여기에 속한다고 하네요. 뜬금없이 슬픈 봄날을 이야기하다가 벌 이야기로 옮겨온 이유는 초개체로서 살아가는 벌의 생태가 우리에게도 필요하지 않을까 해서예요.

오랫동안 꿀벌의 생태학을 연구해 온 독일학자 '위르겐 타우츠'는 『경이로운 꿀벌의 세계』라는 책에서 꿀벌을 포유동물과 흡사하다고 했는데요. 그 이유가 낮은 번식률과 자식 양육을 위한 젖샘을 분비하듯 로열젤리로 불리는 왕유를 분비한다는 점, 포유류의 자궁같이 벌집이라는 안전한 '사회적 자궁'에서 유충을 양육한다는 점, 36℃의 체온을 유지하듯이 유충의 체온을 35도로 유지한다는 점, 학습능력과 인지능력이 높다는 점 등 때문이라고 하는군요.

사회를 이루며 집단적으로 살아야 하는 사람과 하나의 커다란 유기체로 군락을 이루며 사는 벌의 생태가 위르겐 타우츠의 주장대로 닮아있긴 하네요. 여왕벌과 일벌, 수벌이 각자의 일을 제대로 수행해 내기에 꿀벌의 군락이 개체를 초월한 하나의 유기체로 살아가는 게 아닐까요. 물론 일벌은 평생 일만 하고 여왕벌은 로열젤리를 먹고 수컷 벌은 교미만

하고 죽는, 이런 꿀벌 세계의 질서를 인간세계와 단순하게 비교하면 엄청난 모순이 있지만요. 여기에서 하고자 하는 말은 사람다운 사회로 이끌어가려면 꿀벌처럼 각자의 역할을 제대로 수행해야 한다는 거지요.

위험에 빠진 '세월호'에서 선장과 선원들이 자신들이 해야 할 일을 제대로 수행해 내고 승객들을 위해 빠른 대처를 했더라면, 해경과 해군이 좌초 신고를 접수하고 발 빠르게 구출에 나섰더라면, 정부 관계자들이 사고 대책을 신속하게 세우고 국가적으로 최선을 다했더라면, 가라앉는 배를 실시간 생중계로 보며 가슴이 무너져 내리는 아픔도 덜하지 않았을까요?

정말 박완서 작가의 표현대로 '인류으로도 머리로도 사랑으로도 상식으로도 이해 못 할 것 천지'인 세상은 아직 여전한가 봅니다.

진실과 거짓의 한 끗 차이

세계대전을 일으켜 인간들이 경험할 수 있는 참혹함의 끝을 보여줬던 히틀러에게는 괴벨스라는 선전·선동의 천재가 있었지요. 대학에서 독일문헌학을 전공하고 문학과 연극, 언론계에서 일했던 파울 요제프 괴벨스는 그걸 바탕으로 독일인들에게 나치와 히틀러를 선전했고, 이러한 그의 방법은 안타깝게도 국민들에게 그대로 먹혔지요.

그가 나치를 선전하는데 동원한 것은 라디오였는데요. 전 독일 국민이 라디오를 다 가질 수 있도록 엄청나게 싼 가격으로 보급했다지요. '대중을 지배하는 자가 권력을 장악한다'라고 굳게 믿은 괴벨스는 라디오를 통해 히틀러와 나치의 사상을 자연스럽게 침투시켰지요. 1935년에 세계 최초로 정기적인 방송을 시작하면서부터는 히틀러의 일거수일투족을 방송했는데요. 우리가 히틀러의 생생한 모습을 많이 접할 수 있는 것도 히틀러를 친근하게 보이려 한 괴벨스의 전략 때문이라고 하는군요.

한때는 문학청년이기도 했고 예술에 재능을 보였던 괴벨스의 '인간의 감정과 본능을 예리하게 꿰뚫어 보는 예술가적 통찰력'은 예술가의 길이 아닌 정치가의 길로 잘못 접어들었기에 인류에게는 전쟁이라는 참상을, 독일 국민에게는 전범국가라는 죄의식을 지금까지 심어주는 우를 범한 거지요. 그의 선전·선동에 대한 어록을 보면 소름이 돋을 정도지요. 가히 군중심리 전문가라고 할 만큼 그의 어록은 군중의 심리를 정확히 꿰뚫고 그에 대한 전략을 그대로 실행시켰는데요.

'거짓과 진실의 적절한 배합이 100%의 거짓보다 더 큰 효과를 낸다.'

'이왕 거짓말을 하려면 될 수 있는 한 크게 하라. 대중은 작은 거짓말보다는 큰 거짓말을 잘 믿는다. 그리고 그것은 곧 진실이 된다.'

'거짓말은 처음엔 부정되고, 그다음 의심받지만, 되풀이하면 결국 모든 사람이 믿게 된다.'

거짓과 진실의 모호한 경계를 기막히게 이용한 거지요. 괴벨스는 '피에 굶주리고 복수에 목마른 적과 맞서려면 무엇보다 한없는 증오를 활용해야 한다', '분노와 증오는 대중을 열광시키는 가장 강력한 힘이다'라는 끔찍한 말의 위력을 유대인 학살로 보여줬고요.

비밀경찰인 게슈타포를 통해 '이성을 제압하여 승리를 거두는 가장 손쉬운 방법은 공포와 힘이다', '대중은 지배자를 기다릴 뿐, 자유를 주어도 어찌할 바를 모른다'라는 말로 확인했지요. 그리고는 '대중은 이해력이 부족하고 잘 잊어버린다', '승리한 자는 진실을 말했느냐 따위를 추궁당하지 않는다', '위기를 성공으로 이끄는 선전이야말로 진정한 정치 예술이다', '우리는 국민에게 강요하지 않았다. 그들이 우리에게 위임했을 뿐. 그리고 그들은 그 대가를 치르는 거다'라는 말로 자신의 행위를 정당화시켰지요.

그런데 아이러니하게도 전쟁이 끝나고 미국을 비롯한 여러 나라에서는 괴벨스의 대중선동기술을 앞다퉈 연구하기 시작했지요. 라디오와 TV를 정치에 이용한 최초의 인물인 괴벨스야말로 대중들의 지지를 받고 올라야 하는 정치가들에게는 더없이 좋은 교과서가 되지요.

실제로 세계대전이 끝난 후 많은 정치인이 미디어를 이용한 전략적인 홍보를 통해 화려하게 인기 정치인으로 등극하기도 했지요. 하지만 아무리 괴벨스의 선전·선동 전략이 뛰어나다 해도 진실의 거울은 가릴 수 없잖아요. 좀 순진한 생각 같지만 말이죠.

'우리는 모든 시대에 걸쳐 가장 위대한 정치인으로 역사에 남을 것이다. 아니면 역사상 가장 악랄한 범죄자로' 남을 것이라고 예언한 괴벨스는 그렇게 추종하던 히틀러와 함께 인류 역사상 가장 악랄하고 최악의 범죄자로 역사 속에 남겨졌잖아요.

새삼 괴벨스 이야기를 꺼내는 것은 요즘 들어 우리 사회에도 수많은 괴벨스가 존재하고 있지 않나 하는 생각이 조심스럽게 들어서요. 설마 그러겠어요?

'나에게 한 문장만 달라. 누구든 범죄자로 만들 수 있다'라며 공포정치를 펼쳤던 괴벨스는 언론을 자신의 손에 넣고 맘대로 주무르며 '언론은 정부의 손안에 있는 피아노가 돼야 한다'라고 했다지만, 지금은 한 사람 한 사람의 손안에 스마트폰이라는 미디어가 쥐어져 있는데 괴벨스의 악령이 되살아나겠어요?

전 세계가 그물망 같은 미디어핏줄로 연결돼 있는데 말이죠. 잠깐은 가능하겠지요. 그렇지만 그 피들이 돌고 돌아 진실의 심장에 도달하는 것을 전 세계인들이 실시간 들여다

보는데 괴벨스의 전철을 밟겠어요? 진실과 거짓의 한 끗 차이를 이제는 다 알 텐데요.

6부

416 순례길을 걸으며

세월호 희생자들의 삶을 담은 책 『416단원고약전』을 작은도서관에 보내는 프로젝트로 '다음 스토리펀딩'을 굿플러스북에서 기획·진행했고 스토리 구성작가로 참여했다. 펀딩은 성공적으로 마무리돼 전국 100곳의 작은도서관에 12권으로 구성된 『416단원고약전』을 보냈다. 이후 희생자들을 기억하고 진실 규명을 위해 더 많은 사람들이 『416단원고약전』을 읽기를 바라는 마음에서 전국의 공공도서관에도 비치될 수 있도록 오마이뉴스에도 게재했다. 이 글들은 세월호 3주기를 맞은 2017년에 스토리펀딩을 위해 쓰인 기사들이며 그해 6월 시민기자상을 받았다.

『416단원고약전』 스토리펀딩

 세월이 지나도 여전히 3년 전에서 머문 이들이 많은 시대입니다. 정확히 4월 16일에 머물러 있겠지요. 화사한 벚꽃이 유난히 다투어 피던 해였습니다. 지구가 더위를 먹은 듯, 이상 기후의 징후를 보이며 피었던 연분홍빛 벚꽃들. 그때까지만 해도 마냥 신기해하며 벚꽃의 아름다움에 취했었지요. 적어도 4월 16일 아침까지는 말이죠.

 온 국민의 심장이 석고처럼 굳은 듯, 헤아려야 할 것이 무엇인지조차 생각하지 못하고 지낸 4월, 5월, 6월… 2015, 2016, 2017. 햇수로 3년이 됐네요. 그간 어떤 이는 세월이 지나면 잊히거니, 자신과 상관없으니 이제는 괜찮겠거니 하지요. 하지만 아직도 진실 규명은 되지 않았고, 세월호는 인양되지 못하고, 희생자 유가족들은 광화문에서 진실 규명을 위해 온몸을 던지고 있지요.

 그 곁에서 많은 이들이 함께 하지만, 그래서 늘 '고맙다고,

감사하다'는 말을 입에 달고 살지만 아이들 없이 텅 빈 가슴을 누가 채워줄까요. 다시 만질 수 없고 다시 안을 수 없는데요. 다만 아이들의 이야기를 함께 나누고 아이들의 추억들을 함께 기억하는 거, 그것이 곁에서 있는 우리들의 최선이 아닐까 싶어요.

그렇기 때문에 만들어진 것이 『416단원고약전』이잖아요. 세월호 참사의 아픔을 공유하는 작가들이 아이와 함께 했던 엄마와 아빠, 친구와 선생님, 슈퍼아줌마며 세탁소아저씨까지 만나며 모아낸 아이의 짧은 인생 이야기, '약전'을 만든 거지요. 『416단원고약전』은 그러니까 별이 된 단원고 2학년 아이들과 선생님들, 아르바이트하던 학생들의 짧았지만 아름다웠던 인생 이야기예요. 엄마 아빠의 아들이자 딸로, 선생님의 제자로, 친구들의 친구로 살았던 단원고 2학년 아이들, 그 아이들과 끝까지 함께 하신 선생님들의 울고 웃고 기쁘고 행복했고 슬프고 아팠던 이야기. 이제는 희망의 별이 된 304명의 아이들과 선생님들의 이야기가 담긴 책이지요.

『416단원고약전』은 그냥 추억의 책이 아닌, 우리 시대 청소년의 생각과 가치, 문화가 담긴 책이기도 해요. 아이들이 고민하는 게 무언지, 어떤 걸 좋아하는지, 무엇이 되고 싶었는지, 또래 아이들의 일상과 문화를 흥미롭게 알 수 있는 책이지요. 그리고 우리 시대의 아픈 역사이기도 하구요. 잊지 말아야 하고 잊히면 안 되잖아요. 잊지 않고 오래 기억해야 다시는 이런 아픈 일들이 반복되지 않을 테니까요.

『416단원고약전』을 작은도서관에 보내기 프로젝트는 그래서 시작한 일이예요. 아프고 슬프지만 시대를 깨우는 희망의 별이 된 아이들의 일상 이야기를 가깝고 쉽게 접할 수 있도록 돕는 일이 진실 규명만큼이나 중요한 일이라고 생각합니다. 일부 글들은 『416단원고약전』에서 발췌했습니다. 약전 작가님들께 감사드립니다.

세월호는 우리 시대의 속살을 여실히 보여준 참사입니다.

그래서 촛불도 더 밝게 켜주었고 그 촛불의 힘으로 세월호 참사의 중심에 있는 대통령도 탄핵되었습니다. '어둠은 빛을 이길 수 없고 진실은 참을 이길 수 없다'는 말이 진실임을 우린 경험했습니다. 더 이상 두려울 것도 더 이상 기다릴 일도 아닙니다. 차가운 맹골수도에서 304개의 우주가 가라앉은 날과 그 원인을 반드시 밝혀내야 합니다. 그리고 이제는 별이 된 304명을 영원히 기억해야 합니다.

한 코씩 뜰 때마다 만져지는 그리움
- 뜨개전시 '그리움을 만지다'

"다혜 얘기를 했잖아요. 우리 아이 얘기를, 들어주셨잖아요. 그래서 좋았어요."

조끼의 노란색만큼이나 밝게 웃으며 다혜 엄마가 말했다. 나올 때까지는 부담되고 어려웠는데 다혜 얘기를 할 수 있어서 좋았다고. 고개를 숙이고 의자에 앉았던 처음 모습과는 사뭇 다른 표정이다. 다혜 엄마와 함께 나온 하영이, 다빈이, 초혜, 한솔이 엄마도 그랬다. 1시간 넘게 사람들과 마주하며 그녀들의 표정은 조금씩 달라졌고 아이들의 이야기를 하면서 서서히 맘의 문을 여는 듯했다. 그녀들의 정신적인 안정을 돕는 심리학자 정혜신 선생도 그런 변화의 모습에 편안해지는 느낌이다.

안산에 있는 세월호 희생자 유가족을 위한 치유공감 '이웃'에서 기획한 '세월호 엄마들의 뜨개전시-그리움을 만지다'

를 보러 간 날은 전시 주인공인 어머니들과의 대화가 마련됐던 지난 2월 17일이다. 전시장 풍경은 여느 전시와는 달랐다. 중앙에는 색색으로 짠, 빛 고운 러그가 깔린 마루 세 개가 있었고 사람들은 그곳에서 개다리소반에 마련된 소박한 상을 마주하며 담소를 나눴다. '기억하는 마루'라는 흰 글자가 주는 경건함과 자유롭게 앉아있는 사람들. 그리고 천장에 휘장처럼 드리워진 뜨개작품. 작은 컵받침 2천800개를 이어 만든 작품이라고 한다. 그 아래 양 옆으로는 긴 목도리 같은 뜨개물이 걸려 있었는데 아직 완성되지 않은 채 실과 바늘이 손길을 기다리고 있고 몇몇의 관람객들이 조용히 뜨개질을 이어갔다.

치유공간이 된 전시장

"치유공간 '이웃'을 서울 한복판에 옮겨놨지요."

뜨개질을 해온 엄마들과 다섯 차례에 걸쳐 '엄마와의 대화'를 진행하는 정혜신 선생의 설명처럼 서울 시민청갤러리에 꾸며진 전시장은 그 자체가 치유공간이 된 것처럼 참 편안했.

'시간과 그리움' 코너에는 아이들을 생각하며 떠온 컵받침과 목도리, 방석이 엄마들의 마음만큼이나 따뜻하고 정갈하게 전시돼 있었고, '시간과 시간 사이' 코너에서는 잊을 수 없는 아이를 기억하며 뜨개질 시간이나마 가슴에 담은 아이를 불러내 보듬을 수 있었던 엄마들의 영상을 볼 수 있다.

'그 사람에게' 코너에는 아이들을 찬 바다에서 꺼내준 민간 잠수사, 뉴스를 통해 진실을 알리는데 힘써 온 방송인, 아이들의 이야기를 채록하고 약전을 써준 작가들에게 고마움을 담아 뜬 뜨개작품이 편지와 함께 전시돼 있다.

'이웃'의 벽을 장식하고 있는 김선두 화백의 '봄소풍'도 작은 크기로 전시돼 있고 디스플레이 화면에서는 꽃과 별들이 움직이는 미디어아트로 새로운 '봄소풍'을 보여줬다. 화면 속 별이 움직이자 엄마들은 "아이들이 움직이네"라며 좋아했다.

한 끼의 밥이 주는 위안

무엇보다도 치유공간 '이웃'을 옮겨 놓았다는 말을 증명해 낼 수 있는 게 치유밥상이었는데 전시장 벽면에 작고 아담한 밥상이 가지런히 쌓여있었다. 치유밥상은 '이웃'에서 가장 중요한 일상이다.

세월호 참사 직후부터 엄마들은 죄책감 때문에 밥을 잘 먹지 못했다고 한다. 자신들의 잘못이 아닌데도 그 죄책감은 부모라는 존재이기에 당연히 느끼는 것이리라. 특히 거리에서 진실 규명 서명을 받으며 멸시당할 때마다 '내 자식도 이렇게 됐는데 내가 왜 이런 얘기를 들어야 하나'라는 자괴감이 컸기에 한 술의 밥도 잘 넘길 수 없었을 것이다.

'이웃'은 가장 정성스럽게 그 사람만을 위한 밥상을 차려주는 걸로 시작했다. 첫 상 받았을 때는 많이들 운다고 했다. 다른 데서는 밥을 잘 먹지 못하는데 '이웃'에서는 맘 쓰는 사람들을 위해서라도 잘 먹는다고 했다. 매일매일 차려지는 치유밥상은 초기에 밤 9시까지 운영했다가 조금씩 일상으로 돌아가는 분들이 늘어나면서 현재는 오후 6시까지 운영하고 있다.

함께 가는 이웃 치유자들

정혜신 선생은 자격증 있는 사람의 상담만이 치유가 아니라고 한다. "누군가의 고통에 눈을 잘 포개 주는 거, 그것이 치유라고 생각한다"고 말한다. 극단적인 고통을 안은 엄마들을 위해 어떤 방식으로 눈을 포개줄 수 있는지를 많은 사람들하고 고민하고 실천하는 것이 진심의 치유라는 것이다.

그녀는 치유밥상을 위해 전국에서 오는 엄마들과 뜨개질을 알려주고 작은 손길을 얹어주는 사람들 모두를 이웃치유자라고 부른다. 수십 명 밥상을 즐거운 마음으로 차리고 정성을 다하는 사람들의 따뜻함, 다양한 것으로 우리 마음을 전하는 거, 이걸 보태는 게 치유라는 것이다.

62세의 곽정숙 씨도 두 언니들과 함께 2년 5개월 동안 뜨개질로 마음을 내는 이웃치유자다. 햇수로 3년간, 엄마들이 뜨개질하는 걸 지켜봤다. 그녀는 '이웃' 이전에 쌍룡자동차사태로 많은 어려움을 겪었던 가족들을 위한 치유센터 '와락'에서 뜨개질 봉사를 했던 경험을 가지고 있다.

세 자매가 놀이 삼아 했던 뜨개질이 치유의 방법으로 활용된다는 것에 감사했고 기꺼이 시간을 냈다. 평택에 이어 안산에서도 그 역할을 톡톡히 하고 있는 그녀는 뜨개질하는 엄마들의 치유가 빠르다는 것을 이미 '와락'에서 경험했다. 자신의 역할은 실과 바늘을 엄마들이 만나게만 해 주면 된다고 하지만 그저 곁에 있어 주는 것만으로도 큰 힘이 된다는 걸 넉넉한 인상에서 일 수 있다. 매주 수요일, 일주일에 한 번씩 가서 자리만 지켜주는 것만으로도 그 역할은 충분하다고 했지만 찬찬히 들어본 '이웃'에서의 뜨개질 풍경은 가족처럼 끈끈한 정을 느낄 수 있다.

처음엔 몇십 명이 모여 있어도 조용히 고개만 숙인 채 뜨개질만 했고 누군가 건드리기만 해도 눈물이 와락 쏟아질 거 같은 분위기였다고 한다. 실 색깔도 옷 색깔도 다 어두운 색이었단다. 누가 베이지색 옷만 입고 와도 눈에 확 띄었고 이

곳에서 유일하게 밝은 색은 노란색이었단다. 바로 아이들의 방과 교실을 채워주기 위한 것이니까. 지금은 그렇지 않다. 누군가 얼굴이 안 좋아서 오면

"왜 누가 뭐라 그랬어?"

"다른 사람은 다 이사 가는데 당신은 이사 가지 않느냐고" 그러더라.

그러면 바로 특검사무실 아줌마가 했던 거처럼 "염병하네" 라며 서로 깔깔 웃는단다.

뜨개질하다가 겨드랑이 같은 곳을 팔 때 습관적으로 코 줄이는 것을 '몇 코 죽이시고요' 하다가 얼음이 되기도 했는데 이제는 엄마들이 자연스럽게 '몇 코 죽이면 돼요?'라고 묻는단다. 그만큼 실 색상도 밝아지고 다양해졌다. 나중에는 남편 욕도 하고 시집 흉도 보면서 가족 같은 분위기가 됐단다. 그녀는 결국 시간이 중요하다는 것을 뜨개질 시간을 통해 알게 됐다고 한다.

한 코씩 뜰 때마다 만져지는 그리움

아쉽게도 '그리움을 만지다'는 지난 2월 11일부터 19일까지 9일간 전시로 막을 내렸다. 컵받침 2,800개로 만든 천정 휘장, 353개의 컵받침으로 만든 가림막, 목도리 108개 등을 포

함 총 3천500개 정도의 뜨개작품은 한 코씩 뜰 때마다 만져지는 아이들에 대한 그리움이다.

누군가는 말한다. 이제는 잊어도 되지 않느냐고. 자식은 가슴에 묻는 거라고. 하지만 아이가 돌아오지 않는 이상, 엄마들의 고통은 전혀 덜어지지 않는다는 것을 알고 있다. 그럼에도 불구하고 엄마들은 살 수 있는 힘을 기르기 위해 다시 한 코씩 뜨개질을 해 나갈 것이다. 잊기 위한 것이 아니라 더 강하게 기억하고 살기 위해서. 견디고 버틸 수 있는 힘을 갖기 위해서.

작품을 낸 58명의 엄마들은 자신과 아이의 이름이 표식으로 붙은 작품을 그동안 함께 울어주고 싸워주고 곁에 있어준 고마운 사람들에게 전해줄 것이다. 그리고 다시 실과 바늘을 잡고서 진실이 실타레를 풀 듯, 진실을 규명하듯 한 코씩 매듭을 지어갈 것이다.

'엄마와의 대화' 내내 훌쩍이던 정유진, 황성희 씨와 잠시 이야기를 나눴다. 그녀들은 세월호 참사의 진실 규명에 대해서만 관심을 가졌다고 한다. 하지만 이번 전시를 통해 개인적인 고통이 얼마나 큰 것인지 알 수 있었다고 한다. 더욱이 어머니를 일찍 보낸 자신의 입장에서 비교해 볼 때 자식을 앞세운 고통이 어떤지 생각만 해도 알 거 같다고 했다.

"과연 우리가 뭘 해줘야 할까요?"

"진상규명하고 책임자들이 반성하고 사죄하는 거?"

"같이 울고 같이 웃는 것이라도 해 주는 게 최선이 아닐까요?"

많은 사람들은 세월호 참사를 사건으로만 기억하고 있다. 하지만 한 사람의 고통으로 들어가면 치유하기 어려운 일이라는 걸 알게 될 것이다. 희생자들의 짧은 일생을 담은 약전은 많은 사람들이 기억하고 잊지 않기 위한 또 하나의 치유책이다. 약전을 읽고 그들을 기억해 준다면 가족들도 조금씩 치유될 것이다.

목격자가 되어 주세요
- 416, 분노를 기억하라

구경꾼과 목격자

"당신은 구경꾼이 되겠습니까. 목격자가 되겠습니까. 구경꾼은 그 광경을 보고 그냥 지나쳐간 사람입니다. 목격자는 그 광경을 보고 그것을 가슴에 담아 기억하고, 기억을 바탕으로 함께 행동할 수 있는 사람입니다."

"우리는 2014년 4월 16일 다 같이 침몰해 가는 세월호를 보았습니다. 그리고 아주 많은 대부분의 사람들은 그냥 지나쳐갔습니다. 가족을 잃은 유가족들만이 거리에 섰습니다. 그리고 그들의 곁에 또 몇몇 시민들이 함께 목격자가 되어 외치고 있습니다."

"『416단원고약전』을 보시면 그 많은 분들의 이름이 있습니다. 그들이 얼마나 다정하고 따뜻하고 소중한 존재였는지 알 수 있을 겁니다. 그들이 꾸었던 그 미래가 얼마나 아름다웠는지 아마 굉장히 안타깝고 아쉬워질 겁니다. 그래서 여러분께 부탁드립니다. 꼭 『416단원고약전』을 읽어봐 주세요. 읽고 기억하고 그 기억을 바탕으로 행동할 수 있는 목격자가 되어 주세요."

『416단원고약전』 발간위원인 오현주 씨는 2014년 4월 16일을 지나온 사람들에게 목격자가 되어 달라고 간곡히 부탁한다. 지난해 11월 2일 광주를 시작으로 대구, 제주, 창원, 천안, 대전, 서울에 이어 파주와 고양, 김포에서 이어갈 〈416 분노를 기억하라〉 강연장에서도 그녀는 참석자들에게 절실하게 목격자가 되어 달라고 말했다.

304명의 희생자는 304개의 우주

"만화콘티를 짜서 적어 놓은 노트가 20권이나 되는 2학년 1반 현정이는 살아 있었다면 강풀 작가보다 더 훌륭하고 멋진 웹툰작가가 됐을 거예요."

"옆 반 지아는 말도 잘하고 글도 굉장히 잘 쓰는 소녀였어요. 친구들을 대신해 멋진 연애편지도 써 주고 시도 쓰고 소설도 남기고 자서전도 남긴 소녀예요. 지아가 이 세상에 있었다면 노벨문학상 수상자가 되지 않았을까 생각해요."

"2학년 6반 호선이는 '독도는 우리 땅'이라는 글짓기대회에 나가서 최우수상을 수상했어요. '나무'라는 시에 가수 백자 씨가 노래를 만들어줬어요. 시를 쓰는 소년, 굉장히 멋지지요. 호선이를 만나보지 못한 게 굉장히 안타까워요."

"2학년 1반 담임인 유나나 선생님은 무라카미 하루키 소설을 굉장히 좋아했데요. 세월호 참사가 일어나기 전해에 스페인 여행을 다녀왔는데요. 작년에는 선생님의 약혼자가 선생님 사진을 들고 스페인 여행을 다녀왔다고 해요. 그 여행길에 선생님도 동행하지 않았을까요."

연단에 선 그녀는 강연 때마다 『416단원고약전』에 나오는 별들의 이야기를 들려준다. 그녀의 이야기를 듣다 보면 떠난 이들이 보고 싶고 얘기하고 싶고 친해지고 싶다. 그래서 더욱 안타깝고 기꺼이 목격자가 되어 함께 가겠다는 다짐을 한다.

"304명에게는 한 사람 한 사람 이름이 있어요. 그들의 꿈이 있고, 가보지 못한 미래가 있었어요. 누구보다 사랑했던 부모 형제가 있고 친구들이 있고 지인들이 있고, 그렇게 그들이 속한 공동체가 304개예요. 304명이 사라진 날, 그 304개의 공동체가 부서졌어요. 304개의 우주가 희생된 것이지요."

우리는 알고 싶다. 세월호의 진실을

"지금까지 밝혀진 진상은 없습니다. 밝혀진 것이 있다면 구조 방기의 모든 책임은 정부에게 있고 해경은 공동책임자라는 것입니다."

"정부는 침몰 원인이 무리한 증개축, 과적, 조타 미숙 등이라고 말하지만, 원인은 그것이 아닙니다. 아직 밝혀지지 않았어요."

"인양 목적도 정부 입장인 미수습자 수습만이 아니라 인양을 통한 침몰 원인 진상규명과 유품 수습입니다. 미수습자 수습이 목적이라고 해도, 유실방지책도 세우지 않았고, 훼손이 자명한데도 선체 절단을 주장하고 있는 정부를 믿지 못하겠습니다."

"교실은 못 지켰지만 세월호는 반드시 지킬 것입니다."

416가족협의회 장훈(준형 아버지) 진상분 과장과 김광배(건우 아버지) 인양분과장은 세월호 유가족 대표로 나서서 진상규명에 대한 이야기를 한다.

"언론 역시 침몰 원인의 가설을 음모론으로 몰고, 일곱 시간 국정 마비를 사생활 공격으로 변질시켰어요. 인양을 빌미로 특별법 무력화, 보상금으로 유가족 고립, 선원과 선사에 책임 전가, 유병언 사망으로 시선 돌리기 등을 자행했습니다."

"국민들이 함께 해야 할 일은 인양 뒤 절단 계획을 막기 위해 싸우기, 국민조사위원회 참여, 새로운 특별법 제정, 박근혜 대통령과 참사 관련자 처벌입니다."

"기억하고 행동하기 전에 분노해 주세요. 분노해야 기억할 수 있고, 기억해야 행동하고 또 연대할 수 있습니다."

아빠들의 '기억하기 위해서 분노해야 한다'라는 말 속에는 아이들에 대한 그리움만큼이나 진실 규명에 대한 염원이 가득 담겨 있었다.

강력하고 독립적인 특별법

세월호 참사 진실 규명을 위해 국회에서 열심히 뛰고 있는 박주민 의원은 최고의 목격자가 된 사람이다. 그가 제안한 '사회적 참사 진상규명 및 안전사회 건설 등을 위한 특별법안'은 세월호 참사와 가습기 살균제사건의 진상규명과 재발방지를 위한 법안이다. 이 법은 현재 신속처리 법안으로 상정돼, 국회 계류일 330일이 지나면 국회 본회의에 자동 상정된다.

"이 법은 기존 특별법에 비해 독립적이고 강력한 법입니다. 시행령이 아닌 위원회 규칙으로 구체적 내용을 결정하고, 특조위에 강력한 권한을 주는 한편, 기존 법안의 한계를 보완했습니다."

"예산협상도 해수부를 통해 기재부와 하는 것이 아니라 기재부와 직접 협상합니다. 위원 임명 방식도 야당 추천 인원을 늘렸고 활동 기간도 기본 2년에 1년 연장에 세월호 인양 완료일부터 8개월의 활동 기간을 보장합니다. 특검 요청은 단 1회 제한에서 언제든지 국회에 의결을 요청할 수 있고요. 상임위와 본회의 포함 2개월 내에 결정할 수 있도록 했습니다."

그는 올해 12월에 본회의에서 표결될 특별법에 대해 기대를 걸었고, 지난 3월 2일 '세월호 선체조사위원회 구성을 위한 특별법'이 국회에서 통과돼 힘을 얻을 수 있게 됐다.

3월 18일 고양 파주와 31일 김포에서 열리는 〈416, 분노를 기억하라〉

'우리 아이가 왜 죽었는지' 밝혀달라는 세월호 유가족들은 단식에 도보행진에, 지쳐도 지칠 수 없었고 아파도 아플 수 없는 사람들이 되어 지난 3년 동안 광화문광장을 지켰다. 광장에 촛불이 타오르기 전, '416가족협의회'는 전국을 돌며 진실을 밝혀달라고 시민들을 직접 만나 호소하는 강연 자리를 만들었다. 그것이 강연 〈416, 분노를 기억하라〉다.

그들은 강연 자료와 자료집을 만들기 위해 밤을 새웠고 다시 아침이 되면 광장에 나갔다. 익숙하지 않은 강연이라

몇 번을 연습하고 서로 품평하며 고쳐나갔다. 강연이 끝나면 다시 품평을 하고 자료를 업데이트하며 더 잘 전달할 방법을 고민했다.

『416단원고약전』 이야기와 세월호 유가족이 바라보는 '세월호 진상규명, 어디까지 왔나', 현재 추진되고 있는 2기 특조위를 준비하고 있는 '국회 신속처리법안'에 대한 이야기로 구성되어 있다.

"흔히들 세월호 이야기라고 하면 보지도 읽지도 듣지도 못하겠다고 하세요. 너무 슬퍼서요. 약전은 세월호가 인천항을 떠나기 전, 그 시점까지를 담고 있습니다. 세월호에 타고 있던 그 사람들이 어떤 삶을 살았는지 어떤 이름을 갖고 있는지, 어떤 꿈을 꾸었는지를 여러분에게 보여드리고 싶었습니다. 그래서 그날 아침 세월호가 가라앉음으로 인해서 우리 곁을 떠나간 사람들이 어떤 사람들이었는지를 여러분께 보여드리고 싶었습니다."

강연마다 부탁하는 오현주 씨의 말이 절규처럼 들리는 대목이다.

〈416, 분노를 기억하라〉 3월 강연은 3월 18일 고양 파주와 31일 김포에서 목격자가 되고 싶은 사람들을 만나러 간다.

어른이 되고 싶었지만 별이 된 아이들
- 아이들을 기억하는 시간

416가족협의회 홈페이지에 가면 '기억해요'라는 코너가 있습니다. 세월호 참사로 별이 된 아이들의 생일에 맞춰 짧은 생을 소개합니다. '우린 어른이 되고 싶었지만 ☆이 되었습니다'라는 문구와 함께 기억해야 할 아이들의 이야기가 있습니다.

그 이야기를 읽다 보면 하나하나 귀하고 소중해서 그 아이들이 우리 곁에 없다는 것이 믿기지 않습니다. 살아있을 때는 서로의 존재조차 모르던 우리들도 이렇게 알아가면서 안타깝고 그리움이 큰데 엄마, 아빠 그리고 가족들, 친구들은 그 부재의 자리가 얼마나 클까요. 생각만 해도 가슴이 아려옵니다.

정현종 시인의 「방문객」이라는 시가 있습니다.
"사람이 온다는 건/실은 어마어마한 일이다/그는/그의 과거와/현재와/그리고 그의 미래가 함께 오기 때문이다/한 사람의 일생이 오기 때문이다. ~ 중략."

세월호에서는 304명의 과거와 현재와 미래가 부서졌습니다. 그 어마어마한 304명의 일생들이 정부의 미진한 대처 속에서 바닷속으로 가라앉았습니다. 그들을 그리 아프게 보낸 지 3년이 지났습니다. 『416단원고약전』은 그 아이들을 기억하는 자리입니다.

사랑하는 방법을 잘 알았던 수진이

2월 8일은 1반 수진이(단원고 2학년 1반 김수진)의 생일입니다. 잠수사 아저씨가 세월호 속에서 발견한 7반 정인이를 먼저 데리고 나가려고 하자 움직이지 않았다고 합니다. 그래서 수진이를 데리고 나가자 정인이가 움직였다는 이야기의 주인공입니다.

세 자매 중 막내인 수진이가 가족을 얼마나 살뜰히 챙겼는지는 『416단원고약전』 1권 중 '사랑하는 방법을 아세요?'를 보면 알 수 있습니다. 막내지만 정리정돈도 잘하고 집안일도 잘 도와주고 용돈도 알아서 아껴 쓰는 아이였습니다.

엄마의 퇴근길 시장바구니가 무거울 때 전화하면 "알았어, 기다려 엄마"하고 군말 없이 달려 나오던 딸, 엄마 생일에는 친구들로부터 일일이 엄마의 생일 축하 메시지를 수첩에 받고는 "마미! 오늘 하루 즐겁게 지내욤. 엄마 많이 아프지 말고 오래오래 건강하게 사시고, 오늘은 엄마를 위해서 날씨도 좋고 꽃도 많이 폈네! 생신 축하합니다. 오메데토우 고자이마스!" 이렇게 엄마를 감동시키는 딸이었습니다. 사랑하는 방법을 잘 알고 있는 수진이 별은 유난히 반짝일 것 같습니다.

사랑합니다. 모든 분들을…

세월호가 침몰하고 공개된 아이들의 문자들이 또 한 번 많은 이들의 억장을 무너지게 했습니다. 엄마, 아빠를 찾고 사랑하는 친구들에게 마지막 보내는 메시지들 중에는 2학년 4반 웅기(단원고 2학년 4반 김웅기)의 마지막 말도 있었습니다.

"사랑합니다. 모든 분들을…"

그리고 웅기는 4월 29일 수학여행 하루 전날 아버지가 사준 줄무늬 남색 남방에 주황색 구명조끼를 입은 모습으로 부모님 곁으로 돌아왔습니다.

웅기는 위로 두 형이 있는 세 형제 중 막내입니다. 아들이 둘 있으니 밑에는 딸이었으면 했다는 아빠에게 막내 웅기는 재롱도 많이 부리고 예쁜 짓도 많이 했다고 합니다. 그런 아들이 수학여행에 입고 갈 옷을 사달라고 했답니다. 그날 웅기는 아빠와 둘이서 옷도 사고 돈가스를 먹으면서 오래간만에 즐거운 시간을 가졌답니다.

아빠가 사 준 옷과 큰형의 캐리어를 들고 "여행, 잘 다녀오겠습니다. 사랑해요!" 가족들에게 인사를 남기고 수학여행을 떠난 웅기. 이제 별이 되어서 엄마와 아빠, 형들이 바라보는 하늘에서 늘 웃고 있겠지요.

마지막 남긴 말이 마지막이 됐어요

누나가 둘인 6반 순범이는(단원고 2학년 6반 권순범) 엄마와 생일이 같습니다. 12월 20일. 순범이가 이 세상에서 보낸 마지막 생일인 2013년 겨울, 누나는 오징어볶음과 미역국으로 생일상을 차려놓고는 '누나 공부해야 되는데 너를 위해 이렇게 준비했다. 아침에 꼭 먹고 가라'고 카톡으로 메시지를 남겼답니다.

'나는 네가 뿌듯하고 자랑스럽다. 앞으로도 잘 크길 바란다. 난 너 없으면 못 산다.' 누나는 마지막 문장으로 아직도 명치끝이 아립니다. 비싼 겨울 점퍼를 선물로 사 주고는 '다음부턴 이렇게 비싼 거 안 사준다'라고 남긴 말 때문입니다. 그게 정말 마지막이 될 줄은 몰랐던 순범이 누나는 한동안 카톡을 볼 수 없었다고 합니다.

"어디 가서 유가족인 거 말 안 해요. 가게 사장님이 그러시더라구요. 유가족들 이제 그만할 때도 되지 않았냐고요. 그래서 숨기게 돼요. '동생 있어요?'라고 물으면 아무 말 하지 않았는데 이제는 동생 있다고, 열아홉 살이라고, 일부러 속이는 건 아니에요. 여기엔 없지만 있긴 있으니까요. 거짓말이 아니니까요."

누나의 말이 가슴을 찌릅니다.

깨끗한 모습으로 돌아와 줘서 고마워, 온유야

"친한 친구가 학생 대표를 하고 싶어 해요. 그 친구가 하고 싶어 한다는 것을 알면서 내가 출마하는 것은 도리가 아니라고 생각해요."

2반 온유는(단원고 2학년 2반 양온유) 그런 아이였습니다.

자신보다는 남을 먼저 배려할 줄 아는 아이. 책임감이 투철한 아이였죠. 1학년 학생 대표를 지냈던 온유는 2학년에 가서도 반장을 했습니다. 그런 온유였기에 사고 소식을 들은 부모님은 두려운 마음을 감출 수가 없었다고 합니다.

그 예감은 곧 팽목항에서 절망스럽게도 확인됐습니다. 살아온 친구들의 증언에 의하면 온유는 사고 당시 무사히 갑판에 나왔다고 합니다. 하지만 갑판에서 구조를 기다리지 않고 다시 선실로 뛰어갔습니다. 구명조끼도 갖춰 입지 않고 친구들의 '살려달라'는 말에 이끌려 조금도 망설임 없이 온유는 친구들이 있는 선실로 뛰어 들어간 것입니다.

교회 해외봉사단으로 필리핀에 가기 위해 편의점 아르바이트를 하며 비용을 모았던 온유는 자신의 태몽인 바다처럼 그렇게 짧은 생을 바다에서 마친 것입니다.

온유가 바다에서 꺼내졌을 때, 엄마가 말했습니다.

"우리 온유, 이렇게 깨끗한 모습으로 엄마한테 돌아와 줘서 정말 고맙다."

엄마의 말을 들은 것처럼 그동안 꼭 쥐고 있던 온유의 손가락이 펴졌다고 합니다. 검시관도 처음 보는 일이라며 놀라워했답니다.

"사랑한다. 우리 딸이지만 참 빛나 보이던 네가 그곳에서 편히 쉬길."

엄마 아빠의 바람처럼 온유는 하늘나라에서도 제일 먼저 친구들을 챙기며 자신의 몫을 잘할 겁니다.

차라리 사랑한다고 말해 줄 걸
- 아이들 구하다가 함께 별이 된 선생님들

1,073일 만의 귀환이었습니다. 유가족은 물론이고 많은 사람들이 온전한 세월호 인양을 염원하며 밤을 새웠을 것입니다. 새벽녘, 모습을 드러낸 세월호 선체 표면에는 켜켜이 녹이 쌓여있는 듯 보입니다. 마치 진실을 밝히기 위해 3년을 하루같이 살아온 유가족들의 시꺼멓게 탄 가슴처럼.

아직 세월호에 남겨진 희생자들의 유가족은 하루를 천 일같이 보냈을 것입니다. 팽목항에서 딸이 있는 먼바다를 바라보던 다윤 엄마의 긴 시선이 떠오릅니다. 제발 딸이 빨리 돌아왔으면 좋겠다고 긴 한숨을 쉬던 은화 엄마의 모습도 겹쳐집니다. 그 풍경 위로 '진실은 침몰하지 않는다'는 노래가 울려 퍼지는 듯합니다.

감사한 마음을 담아 온 메일

한 대학생이 메일을 보내왔습니다. 2학년 9반 민경이 친구라고 자신을 소개했습니다. 약전을 쓰는 과정에도 조금 참여했다고 했습니다. 이 글이 많은 사람들에게 읽히고 단 한 명의 사람이라도 더 아이들을 기억하게 된다면 정말 기쁠 것이라는 바람도 남겼습니다. 참 힘이 되는 메일이었습니다. 한 번도 만나지 못한 사람끼리, 서로에게 감사를 전한다는 건 참 아름다운 인연입니다. 메일을 보내준 민경이 친구는 미래 선생님이 되기 위해 교육대학교를 다니는 학생이었습니다.

『416단원고약전』 11권 째를 읽다가 답장을 보냈습니다. 내가 하는 일이 누군가에게 힘이 되어서 다시 힘을 얻게 된다고. 이 시대를 사는 어른으로서 늘 아이들에게 미안하고 젊은 친구들에게 빚진 마음으로 살고 있다고. 나만 잘 살면 된다는 어른들의 이기심이, 있어서는 안 될 참사를 만들었다고. 죄스러운 마음으로 평생 살아갈 거라고.

그리고 아이들을 구하다가 함께 별이 된 선생님들에 대한 이야기가 담긴 약전 11권을 읽어 내려갔습니다. 아이들처럼 선생님들도 아주 귀한 누군가의 딸이자 아들이었고, 애인이자 남편이었으며, 아이들의 믿음직한 아버지였습니다. 하지만 그분들은 침몰하던 세월호에서 가장 소중한 제자들인 아이들을 구하기 위해 자신을 다 바친 '오직 선생님'이었습니다.

아이들과 하늘로 영원한 수학여행을 떠나신 11분의 선생님

2학년 1반 유니나 선생님

하루키를 좋아하고 여행과 '콩가루 패미'를 사랑한 선생님은 국가전액장학생이자 규슈대 교환학생을 다녀올 만큼 뛰어난 인재였습니다. 선생님으로 첫발을 디딘 단원고에서 4년째 일어를 가르쳤습니다. 사랑하는 여인에게는 '니나쿠마'로 불렸던 선생님은 19명의 제자를 탈출시키고는 도와달라는 제자의 전화를 받고 다시 내려갔다고 합니다. 선생님은 침몰 이후 54일 만에 구명조끼도 입지 않은 채 3층 식당에서 발견됐습니다.

2학년 2반 전수영 선생님

선생님의 어머니는 딸과의 마지막 통화를 잊지 못합니다. 다급한 상황에서 "구명조끼 입었냐"라고 묻자 "아이들은 입했어요"라며 "얼른 끓어"라던 딸에게 "얼른 입어"라는 말만 했습니다. 그게 마지막 말이 됐습니다. 차라리 사랑한다고 말해 줄 걸, "사랑해"라고 말하지 못한 게 지금도 내내 가슴을 찌른다는 어머니.

첫 발령지인 단원고에서 2년째 국어 선생님으로 1학년을 가르치던 선생님은 제자 사랑이 남달라 아이들을 따라 2학년 담임을 지원했다고 합니다. 제자들을 '우리 애기들'이라고 할 정도로 아이들을 사랑한 선생님은 학생들을 위로 밀어 올리다 탈진해서 모든 것을 포기한 것처럼 주저앉아 있는 모습으로 발견되었습니다. 구명조끼도 입지 않은 채.

2학년 3반 김초원 선생님

서태지의 '교실이데아'를 좋아했던 선생님은 어릴 적부터 몸짱, 얼짱, 범생이로 불렸다고 합니다. 미용실에 갈 때마다 '스튜어디스'냐는 말을 들을 만큼 눈에 띄었다지요. 하지만 꿈은 선생님이 되는 것. 첫 발령지 시흥중학교에서 과학을 가르치다 단원고로 부임해서 화학을 가르쳤습니다. 선생님이 출근 전날 쓴 일기에는 이런 내용이 있습니다.

'나는 어떤 교사가 되어야 할까? 내가 가르치는 과학을 통해 아이들이 신비한 자연현상을 이해했으면 좋겠어. 멋진 하늘빛을 감상할 줄 알고 풀, 나무, 꽃과 같은 생명을 소중히 여겼으면, 마음이 따뜻한 교사, 맵시 있는 선생님'

4월 16일 0시, 세월호 배 안에서 제자들이 마련해 준 깜짝 생일파티에서 케이크 촛불을 불면서 행복해 했던 선생님은 사고 직후 구명조끼 없이 뛰어가던 아이에게 자신이 입었던 조끼를 벗어주고 3반 아이들이 있는 4층 객실로 내려갔습니다. 선생님의 귀에는 제자들이 생일선물로 준 귀걸이가 달려 있었습니다. 선생님은 이승에서의 마지막 생일날에 사랑하는 제자들과 함께 별이 됐습니다.

2학년 5반 이해봉 선생님

'해봉쌤 왜 아무 소식이 없나요. 쌤이 첫 수업 때 말씀하셨 잖아요. 바다'해' 봉황 '봉' 바다의 '킹왕짱'이라고. 그런데 왜 소식이 없나요. 빨리 돌아오세요. 수업 시간 때 안 졸고 열심히 들을게요.' -쌤의 사랑스런 제자 1학년 8반 학생 일동

선생님은 사고가 나자 배 난간에 매달린 10여 명의 제자들을 탈출시키고 선실에 있는 아이들을 구하기 위해 들어갔다가 실종되었습니다. 참교사의 길을 고민하며 '안산중등혁신교육연구회' 일원으로 활동하면서 성미산학교 같은 혁신

교육을 하고 있는 곳들을 탐방하는 등 많은 노력도 했다지요. 친구들 사이에서 부부의 롤모델이 될 만큼 모범적인 남편이었고, 주위에서 말하기를 어떤 미사여구도 필요 없을 만큼 '참 좋은 사람'이었다는 선생님. 역사 앞에 부끄럽지 않은 자신만의 '한국사 교과서'를 만들겠다는 선생님은 수학여행 가기 전날, 뇌종양 수술을 앞둔 제자를 찾아가 용기를 주고 당신이 먼저 길을 떠났습니다.

2학년 6반 남윤철 선생님

선생님은 배에 이상이 생겼다는 걸 가장 먼저 감지한 사람 중 한 분이었습니다. 최초로 사고를 신고한 학생은 선생님이 대신 전화하라고 했다며 119에 신고한 것입니다. 이어서 전화를 받아서는 장난 전화가 아님을 확인시켜 주었습니다. 그 시각이 4월 16일 8시 54분 7초, 사고해역에 경비정이 도착한 시각은 9시 37분이었습니다. 하지만 도착한 이후에도 구조에 나서지 않았습니다. 이것이 참사 원인이었다고들 합니다.

선생님은 안내방송 지시대로 구명조끼를 챙겨주며 "침착해라 해경이 구하러 올 거야"라며 아이들을 안심시켰습니다. 아이들을 데리고 세 번이나 갑판으로 올라갔다가 네 번째 선실로 내려간 후로는 영영 돌아오지 못했습니다. 자신의 구명조끼를 제자에게 입혀서 구조시킨 후에 말입니다. 선생님은 운동신경도 좋고 호주 어학연수 시절에 딴 스쿠버다이빙 강사자격증도 있었지만 남아있던 학생들을 비상구 쪽으로 인도하다가 선실 후미에서 싸늘한 주검으로 발견됐습니다.

2학년 7반 이지혜 선생님

세례명이 '가브리엘라'인 선생님은 부모님에게는 너무나 소중한 큰딸이었습니다. 13살 생일날 엄마에게 쓴 편지를 보면 얼마나 사랑스러운 딸이었는지 알 수 있습니다.

"엄마, 저 지혜예요. 이 무더운 여름날 가게에 앉아서 장사하시는 것 참 힘드시죠? 다시 한번 감사드립니다. 절 이 아름다운 세상에 태어나게 해 주셔서, 저에게 행복을 한아름 안겨 주셔서요."

동생에게는 더없이 착한 언니였던 선생님은 탈출이 쉬웠던 5층 교사 선실에 있다가 사고가 나자 제자들을 구출하기 위해 4층 선실로 내려갔지요. 그리고 마지막 순간까지 제자들과 함께 하며 구명복도 입지 않은 채 희생됐습니다.

2학년 8반 김응현 선생님

제자들이 '아빠'라고 불렀던 김응현 선생님은 스승의 날을 하루 앞둔 5월 14일 발견됐습니다. 이날은 공교롭게도 막내아들의 생일 전날이기도 했습니다. 한 방송국 뉴스에서는 '막내 생일 전날 돌아온 모두의 아빠'라는 제목으로 선생님의 비보가 보도했고 많은 이들의 심금을 울렸습니다.

화학을 가르쳤던 선생님은 제자들에게는 자상하고 친근했으며 집에서는 가족을 사랑하는 가장이었습니다. 55세까지만 교사 생활을 하고 아내와 함께 고향인 보은에 내려가서 황토집 짓고 살겠다는 꿈을 가졌던 선생님. 하지만 그 꿈은 이제 이룰 수 없습니다. 선생님은 사고 직후 객실로 들어가서 제자들의 탈출을 도우며 마지막까지 아이들과 함께 했습니다.

2학년 9반 최혜정 선생님

2학년 9반 담임 최혜정 선생님은 23년 4개월 22일이라는 짧은 생을 살았습니다. 동국대학교 사범대를 수석으로 졸업하고 2년 차 된 새내기 교사였습니다. 어려운 환경에 처한 아이들이 가슴 아팠던 선생님은 거의 매일 저녁 아이들과 상담을 했고 아이들이 무사히 학교를 졸업해서 자신들의 꿈을 펼치기를 기도했습니다.

5층 객실에 있던 선생님은 사고가 나자 4층으로 내려가 제자들을 구조했습니다.

"걱정하지 마. 너희들부터 나가고 선생님은 나중에 나갈게"라면서. 하지만 선생님은 구명복도 입지 않은 채 5월 3일 4층 객실에서 발견됐습니다.

선생님의 어머니는 눈물로 말합니다.

"그렇게 맑고 환하게 사랑스러웠던 내 딸 혜정아, 매일 밤 엄마는 네가 현관문을 열고 들어오는 꿈을 꾼단다. 사랑하는 내 딸, 지금 가기엔 너무 아까운 내 딸아."

고창석 선생님

"고창석 선생님 보고 싶어요. 아침마다 신발 신는 곳 앞에서 인사해 주셨잖아요. 계속 인사해 주셔야지요. 너무너무 보고 싶어요. 꼭 돌아와 주세요 제발."

하지만 선생님은 아직 세월호에 있습니다. 인성생활부 체육 선생님답게 짧게 깎은 머리에 생기발랄한 웃음이 인상적인 선생님은 학생들에게 '또치쌤'으로 불렸습니다. 사고가 나자 이리저리 뛰어다니며 제자 한 명 한 명에게 구명복을 챙겨주고 "빨리 배에서 탈출하라~!"고 목이 터져라 외쳤다고 합니다. 그렇게 아이들을 구조하다가 선생님은 실종됐습니다.

부부애가 남달랐던 아내는 강직하고 책임감 강한 남편을 회고하며 말합니다.

"그 사람 설령 살아 나왔어도 못 살았을 거예요. 그 많은 아이들이 희생됐는데…" 9년 전, 첫 근무지였던 중학교에서 화재가 나자 아이들을 대피시킨 뒤 혼자서 소화기를 들고 화재를 진압했던 그였기 때문입니다.

박육근 선생님

"내 이름은 박육근입니다. 두 근 반 세 근 반을 더하면 몇 근이 되죠? 어머니가 나를 낳기 전, 두근반세근반 했다고 해서 내 이름은 육근입니다. 여러분을 오늘 만나는 내 심정은 그때 어머니의 심정과 다르지 않습니다. 나를 낳아준 어머니처럼 여러분을 만나길 기다렸어요."

미술 선생님이었지만 제자들의 고민을 상담해 주고 많은 얘기를 주고받았던 선생님은 졸업한 후에도 제자들과 연락을 주고받으며 지냈다고 합니다. 먼저 연락을 주신 선생님은 '연락은 하고 살자'며 살가운 마음을 전했다지요. 스승과 제자에서 인생길 친구 같은 관계를 만들었던 선생님.

선생님이 마지막을 남긴 말은 "죽어도 아이들과 함께 죽겠다"였다고 합니다. 사고가 나자 밖으로 나온 아이들을 탈출시키고 다른 아이들을 구출하기 위해 4층 선실로 다시 내려갔다가 끝내 돌아오지 못하고 아이들과 함께 별이 됐습니다.

양승진 선생님

"여보, 지금 어디 계신가요?"

일반사회를 맡고 있는 인성생활 부장 교사였던 양승진 선생님은 아직 세월호에 있습니다. 학생들에게 구명복을 내어 주며 "탈출하라"고 소리쳤던 선생님은 한 명의 제자라도 더 구출하기 위해 애쓰시다 배 안에 가득 찬 물속으로 추락하고 말았습니다. 그리고 아직도 가족의 곁으로 돌아오지 못하고 있습니다.

학교 뒤 텃밭에서 상추며 감자며 쑥갓 등 각종 야채를 가꾸어 동료, 제자들과 나눠 먹고, 배추와 무를 심어 결손가정과 독거노인에게 김장을 담가 주려는 계획도 세웠습니다. 그 옆에서 밭을 가꾸며 다정한 말벗이 됐던 한 할아버지는 선생님 실종 소식을 듣고 밭에 주저앉아 우셨다고 합니다. 가기 전 쑥떡과 커피를 나눠 마시며 "바로 갔다 올게요" 했던 선생님의 실종이 믿기지 않았기 때문입니다.

 단 한 명의 제자를 구출하기 위해 자신들은 다 버리신 선생님, 고맙습니다.
 세월호가 기울어지고 침몰할 위험에 놓이자 단원고 선생님들은 단 한 명의 제자라도 더 구하기 위해 온전히 자신을 버렸습니다. 극한의 위기에 처했을 때, 제자를 먼저 생각한 선생님들, 그분들이야말로 모든 걸 바쳐 헌신하신 이 시대의 참스승입니다.

나는 이런 일을 하고 싶었어요
- 세월호에서 반짝이는 아이들의 꿈

우리가 우리만의 소박한 노래를

다시 부르기 시작했을 때

모든 것들이 예전처럼 되살아나는 듯했다

- 프리모 레비 『살아남은 자의 아픔』 중 '기억의 고통'에서

 기억이 때론 고통이 되기도 하지만 그 터널을 통과해야 비로소 만나는 진실이기도 하지요. 『416단원고약전』은 진실로 가는 통로여야 해요. 그 길 위를 걷다 보면 우리 아이들이 하고 싶었던 많은 꿈들이 있네요. 누군가는 학자를 꿈꿨고 누군가는 요리사가 되고 싶었고 누군가는 카페의 주인이 되고 싶었다는군요. 노란 개나리가 피어나는 봄날, 아이들의 꿈을 따라가 봅니다.

반짝반짝 네일아티스트를 꿈꾼 슈가젤리 연화

'날개를 활짝 펴고 세상을 자유롭게 날 거야. 노래하고 춤추는 나는 아름다운 나비'

태극분식 잔치국수 국물맛을 좋아했던 연화(2학년 1반 이연화)는 윤도현밴드의 '나는 나비'를 시원시원하게 잘 불렀다고 해요. 오빠가 안산에서 꽤 알려진 청소년 댄서인 덕에 그 방면으로 나름 일가견이 있던 연화는 친구인 진의와 함께 댄스동아리 '트렌디'에서도 활동했답니다. 올림픽기념관에서 축제 연습 하는 날이면 무거운 스피커도 번쩍 들고 다니기도 했던 연화는 팔과 다리가 유난히 가늘고 목선이 고와서 무대에 서면 참 예뻤다고 해요. 하지만 연화의 꿈은 댄서가 아닌 '네일아티스트.'

손가락이 실고 희고 고왔던 연화는 손톱 가꾸는 것을 좋아했답니다. 네일 에나멜과 네일 아티스트를 꼬박꼬박 모으고 인터넷 동영상을 보면서 새로운 패턴도 연습했다지요. 작은 손톱에 핑크와 보라, 검정, 파랑 갖가지 색을 조합해서 작은 손톱 안에 그려 넣는 일을 무척 즐거워했답니다.

엄마는 공부보다는 다른 거에 관심이 많은 연화가 걱정이 됐지만 담임인 유나 선생님은 '네일아티스트는 아주 전망이 좋은 직업이고 연화도 소질이 있다'며 엄마를 안심시켜 주셨다지요.

드라마 〈주군의 태양〉을 보고서는 주인공인 소지섭 씨에게 홀딱 반해버려서 친구들 사이에서는 '소지섭 부인'으로 불리던 연화가 좋아하는 네일 에나멜은 '슈가젤리'. 연화는 지금도 별처럼 반짝이는 슈가젤리를 친구들에게 발라줄 거에요.

우아하고 매력적인 웨딩드레스 디자이너가 되고 싶었던 수정이

바쁜 엄마와 아빠, 고3인 언니와 동생을 대신해 집안일을 거든 지 꽤 오래된 수정이(2학년 2반 강수정)는 세탁기를 돌리고 쌀을 씻어 놓고는 서둘러 집을 나섰다고 해요. 평일 오후 6시부터 7시까지 아르바이트를 하기 위해서지요. 상냥하고 싹싹한 수정이는 손님들에게도 인기가 많았답니다. 그래서 수정이를 눈여겨본 치킨집에서 스카우트를 했다지요. 열심히 탁자를 닦고 주문을 받으며 무가 떨어진 곳이 있으면 재빨리 갖다 주는 센스까지, 남달랐던 수정이가 열심히 일한 것은 바로 미래의 꿈을 이루기 위해서지요.

수정이는 결혼하는 사촌언니의 웨딩드레스를 골라주며 우아하고 매력적인 드레스를 입은 언니 모습에 반했답니다. 그리고는 저렇게 멋진 드레스를 직접 만들고 싶다는 꿈을 꿨답니다. 댄스동아리에서 안무를 하고 춤도 췄지만 진짜 하고 싶은 일은 웨딩드레스 만드는 일이었던 겁니다. 그림을 잘 그렸던 수정인 석고상을 놓고 매번 같은 그림을 그리는 걸 싫어했다고 해요. 그런 재능을 웨딩드레스 디자이너로 맞춘 거지요.

수학여행 가기 바로 전날, 엄마와 단둘이 목욕탕에 간 수정이는 서로의 등을 밀어주며 둘만의 시간을 가졌지요. 월급 받은 돈으로 예쁜 핸드폰케이스를 엄마에게 선물한 수정이는 이날 엄마에게 자신의 꿈을 말했어요.

"수학여행 갔다 오면 웨딩드레스 디자인 공부 본격적으로 할 거야. 학원비 다 모아놨어. 내가 언니랑 동생 드레스도 만들어 줄 거야. 아주 예쁘게."

수정이는 열심히 모은 돈으로 웨딩드레스 디자이너 꿈을 이루기 위한 길을 가려고 했던 겁니다. 수정이가 좋아했던 가수 임정희의 '눈물이 안 났어' 노래 가사가 생각나네요.

'생각도 못했던 말, 내게 니 모습은 항상 웃는 얼굴, 변함없는 저 햇살같이 나를 따뜻하게 비춰주는 그런 존재였는데. 날 떠나야 한다고 이해해 달라고, 갑자기 뭐라고 말을 해. 너무 슬퍼서 눈물이 안 났어. 그냥 그 자리에 서서 알겠다고 했어…'

미녀 '벨'을 좋아했던 서우의 꿈은 수화통역사

가늘고 긴 손을 가진 서우(2학년 2반 조서우)는 손이 예쁘다는 말을 자주 들었지요. 손목에 예쁜 팔찌를 끼고 손짓을 몇 번 하면 마치 손이 춤추는 것 같았다고 해요. 어릴 적 이름이 유림이었던 서우는 크고 동그란 눈에 잘 웃고 애교도 잘 부려서 귀여움을 많이 받았답니다. "예쁜 짓"하고 말하면 인중을 잡아당기면서 입을 살짝 벌리고 눈을 크게 뜨는 어린 서우의 모습은 참 앙증맞았겠어요. 그런 서우가 젤 좋아하는 건 바로 〈미녀와 야수〉에 나오는 '벨'이었답니다.

'벨'은 어느새 서우의 비밀친구가 되었데요. 서우는 '벨'과 함께 학교를 다니고 같이 드라마를 보고 음악을 들었고요. 속상했던 일이나 즐거웠던 일을 '벨'에게 털어놓았데요. 그러던 어느 날, 서우는 텔레비전에서 수화로 이야기를 전하는 사람을 봤답니다. 그 사람은 무대 한쪽에 서서 가수가 부르는 노래를 다양한 손짓으로 바꿔 표현했는데 텔레비전에 그 사람의 손이 크게 비춰지는 순간, 눈을 반짝 떴다고 해요. 듣지 못하는 사람들에게 소리를 손짓으로 전해주는 수화통역사를 보면서 오랫동안 꿈꿔 왔던 세상이 그 손짓에 함께 있는 것 같았데요.

손도 가늘고 길쭉해서 수화통역사가 자신과도 잘 어울릴

거 같았던 서우는 무엇보다도 힘없고 약하고 외로운 사람들에게 아름다운 세상을 보여줄 수 있다는 점이 마음에 들 만큼 예쁜 아이였습니다. 수화 기초를 배우는 책을 산 서우가 아빠에게 자신의 꿈을 말했습니다.

"아빠, 나는 수화통역사가 될 거야."

"그럼, 넌 할 수 있어. 네가 뭘 하든 아빠는 항상 널 응원할 거야. 힘내."

심한 감기에 걸렸지만 더 많은 친구들을 사귀고 싶어 가기로 한 수학여행길. 서우는 집을 나서며 엄마에게 수화로 말했습니다. "사랑해" 경쾌하고 밝으면서 따뜻한 손짓이었습니다. 서우의 수화는 '춤추는 손'처럼 아름다웠습니다. 엄마도 서우를 꼭 안고 말했습니다.

"잘 다녀와, 나두 사랑해."

"응, 나도, 하늘만큼 땅만큼 사랑해!"

세상을 빛나게 해 줄 배우의 꿈을 가졌던 빛나라

빛나라는 수줍음이 많은 아이 같기도 하지만 때론 담이 큰 거 같아서 적당한 때에 할 말은 하는 스타일이지요. 그렇다고 나대는 편도 아니지만 적극적인 면도 있는 아이, 수줍지만 당당하고 할 말은 할 줄 아는 아이였죠. 나라는 친구들에게 편지도 잘 써주는 아이였다고 해요.

건축 일을 하는 아빠를 닮아서인지 그림도 잘 그리고 타고난 공간 감각이 있어서 집안의 가구 배치를 다 바꾸기도 했던 나라는 미술대회나 글짓기대회, UCC대회에서 상을 받아올 만큼 다재다능했다지요. 이처럼 재능이 많은 나라의 꿈은 배우였데요. 어릴 적 엄마의 손을 잡고 소극장에 가서 뮤지컬이나 연극을 많이 보고 배우들과 사진도 찍고 얘기도 했던 기억들도 나라의 꿈에 한몫했을 거예요.

단원고 연극부에 들어가서 정말 열심히 했다고 해요. 단원고는 안산시 중고등학교 연극경연대회에서 은상을 받았을 만큼 실력 있는 학교인데 나라는 주말마다 있는 연습에 열심히 참가했다고 해요. 나리가 쓴 일기를 보면 이런 구절이 있어요.

"난 양파 같은 사람이 되고 싶다. 사람들이 또? 또? 또? 라는 말을 할 때까지. 마지막 양파의 알맹이는 숨겨야겠지만… 그 꿈을 가진 게 설레고 미친 듯 기쁘다."

"난, 배우, 남의 삶을 보여주고 싶다. 유명한 배우가 아니어도 좋다. 솔직히 이 꿈이 나에게 준 것이 많다. 그 꿈을 꾸는 자체만으로 용기가 나고 하루하루가 행복하다."

아빠는 진지하고 적극적인 나라의 꿈을 듣고 약속했지요.

수학여행 다녀오면 연극배우인 후배를 소개시켜 주겠다고요. 아직은 어리지만 경험을 쌓게 해 주려고요.

"엄마랑 아빠랑 만나서 산 지 6,205일이고 나랑 만난 지는 5,475일, 앞으로 같이 살날은 365,000일이야."

엄마, 아빠와 함께 같이 산 날과 같이 살날을 계산해 놨던 나라는 지금 어쩌면 하늘나라 극장 멋진 무대에서 스포트라이트를 받으며 멋진 연기에 도전하고 있을지도 모르겠어요.

착한 요리사가 되고 싶었던 태민이

"양파를 다진다 청피망도 다진다 토마토도 다진다 양송이도 다지고 베이컨을 채소 크기로 잘라 준비해 두고 계란 3개를 까서 소금 약간 넣고 그 후 채에 한 번 걸러 준다. 걸러서 그 후 팬에 버터 약간 두르고 양파, 베이컨…" 대민이가 제일 아끼는 스프링노트에 저힌 '스페니쉬 오믈렛' 만드는 방법 중에서

요리사를 꿈꾸며 요리학원에 다니던 태민이(2학년 6반 이태민)의 꿈은 당연히 요리사였지요. 바쁜 엄마와 아빠를 위해 동생들의 저녁밥을 손수 챙겨주는 착한 오빠였어요. 월요일부터 목요일까지는 태민이가 꿈을 키우기 위해 요리학원에 가는 날. 학교 끝나면 집으로 돌아와 동생들 저녁상 차려주

고 눈높이학원 갔다가 요리학원으로 달려갔데요.

선생님이 요리 가르치면서 설명하면 손바닥수첩에 막 갈겨쓰는데 집에 와서 들여다보면 자기 글씨인데도 알아볼 수가 없다는군요. 그래서 스프링노트에 차근차근 정리하게 됐는데 그때 정신 집중이 필요하다고 해요. 마치 요리처럼. 태민이는 순간순간 재료와 불에 집중하지 않으면 망하는 요리를 만들 듯이 스프링노트도 그렇게 정리했고 제일 아끼는 보물이 됐데요.

미용사이기 때문에 하루 종일 서 있느라 발바닥이 평발처럼 된 엄마와 요리하느라 오래 서 있을 수밖에 없는 자신은 오래 서 있기 선수가 될 수밖에 없다는 태민이. 걸어서 학원 갔다가 저녁 7시부터 내내 서서 요리 배우고 9시쯤 끝나면 설거지하고 30분 동안 걸어서 집에 오면 양말이 푹 젖어있다는 태민이는 그만큼 엄마를 안쓰러워했데요. 하루 종일 서서 고객의 머리를 만지는 엄마를 말이죠.

엄마가 옷을 사 주려고 하면 "난 괜찮아, 적당한 티 두 장이면 돼. 그 돈으로 소연이 사 줘" 하는 속 깊은 장남인 태민이는 스프링노트를 정리할 때 문장이 다 끝나지 않았는데도 마침표를 잘 찍는데요. 그래서 마침표 대신 띄어쓰기로 바꿨다고 해요. 마침표는 뭔가 완전히 끝나는 것 같아서요.

모든 것을 하나의 작품으로 만들어 내는 연출가가 꿈이었던 정수

"배우들이 연기하는 걸 돕고, 전체 장면을 구성하고, 그 모든 것을 하나의 작품으로 만들어 내는 역할을 하는 연출가가 꼭 되고 싶어."

단원고 연극부에서 연출을 맡은 정수는(2학년 8반 최정수) 자신이 하는 일이 만족스러웠고 커서도 연출가가 되기로 마음을 굳혔다고 해요. 185센티미터의 키에 80킬로그램인 정수는 290밀리미터의 신발을 신고 넓은 어깨를 가진, 건장한 체격의 듬직한 아이였지요. 그래서인지 동생도 잘 챙겨주는 멋진 형이었답니다. 한 번은 초등학교 6학년이었던 동생의 학부모 참관수업이 있었는데요. 간호사였던 어머니가 도저히 시간을 뺄 수 없어서 걱정을 하자, 정수가 대신 학부모 참관수업에 가기도 했답니다. 정말 어른스러운 정수지요. 어릴 적부터 엄마의 사랑스러운 아들이었던 정수는 엄마랑 사랑스러운 말놀이를 자주 했다고 해요.

"정수, 누구 새끼?" "엄마 새끼"

"어디서 나왔어?" "엄마 배 속"

"엄마 없으면 어떡해?" "못 살아"

엄마는 정수가 수련회만 가도 잠도 못 주무셨는데요. 그럼 정수는 "걱정 마세요. 제가 군대 갈 때 빼고는 엄마랑 헤어질 일은 없을 거예요"라며 엄마를 안심시켰다고 해요.

태권도 4단이었던 정수는 한동안 태권도 관장님이 되고 싶고, 글 쓰는 작가도 되고 싶었는데 단원고 연극부에 들어간 후부터는 연출가의 꿈을 갖게 됐답니다. 다른 친구들이 연기할 때 연기를 잘할 수 있도록 무대를 꾸미고 소품도 배치했어요. 자신의 손으로 뭔가를 만들고 그것들이 합쳐져서 하나의 무대가 완성되는 게 좋았던 정수는 특히 다른 생각을 가진 사람들이 모여 하나로 완성해 가는 연극을 좋아했다고 해요. 정수가 계획한 미래는 이런 거였데요.

* 20대 - 연출을 공부할 수 있는 대학 진학, 군대 다녀오기,
PD나 영화감독 되기
* 30대 - 결혼, 예쁜 딸 낳기, 식구들과 행복하게 살기
* 40대 - 능력 있는 연출가로 인정받기
* 50대 - 부모님과 함께 살기

'연출가 최정수' 자신의 이름을 내건 드라마나 영화를 만들고 그 영화를 보며 사람들이 기뻐하고 슬퍼하고 즐거워한다면 그것만큼 행복한 일도 없을 거라는 정수는 별이 된 친구들과 함께 '레디 고~"를 외치고 있을 거예요.

세월호에서 반짝이는 별
- 가슴에 안고 떠난 아이들의 꿈

 목포신항에 '세월호'가 도착하는 지난 3월 31일 김포시민문화회관에서는 〈416, 분노를 기억하라〉 마지막 행사가 열렸습니다. 3년 만에 모습을 드러낸 세월호를 만나러 대부분의 유가족들은 목포로 간 날이었습니다.

 2학년 5반 큰 건우 아빠인 김광배 416가족협의회 인양분과팀장은 김포시민들에게 세월호 진상규명을 위해 그동안 조사해 온 의문점들을 이야기했습니다. '감추는 사람이 범인입니다'라는 그의 말 속에는 세월호의 진실이 숨어 있는 거 같았습니다. 모든 의문점을 이야기한 후 건우 아빠는 말했습니다.

 "나이가 들면서 몸이 예전 같지 않고 여러 가지 병이 들 거 같은데… 암이나 다른 병에 걸려도 상관없는데 '치매'에만 안 걸렸으면 좋겠어요. 우리 건우를 기억하지 못하잖아요."

혹여 사랑하는 아들을 기억하지 못할까 봐 절대로 '치매'에 걸리면 안 된다는 아빠의 바람이 아픈 송곳처럼 찌르던 마지막 행사였습니다. 행사는 끝났지만 4월 8일이 건우 생일이라며, 마치 사랑하는 아들을 생일날 만날 거 같은 상기된 표정으로 미소 짓던 건우 아빠의 모습이 떠나지 않았습니다.

일면식도 없는 건우에게 생일선물을 해 주고 싶었습니다. 『416단원고약전』에 실린 건우의 짧은 이야기를 시 형식으로 각색해서 낭송 파일을 만들었습니다. 그리고 건우의 생일날 저녁에 건우 아빠의 카톡으로 보내드렸습니다. 엄마, 아빠의 맘속에 늘 살아있는 건우의 생을 건우 대신 들려드리고 싶었습니다.

벚꽃잎 환한 봄날이었지.
촉촉한 봄비에 새싹들이 연둣빛 내뿜던 4월이었지.
그래 너는 4월 8일 세상에 왔어.
봄꽃들처럼 환하게 엄마, 아빠의 첫째 아들로 와주었
구나.

끝까지 파고드는 기질이 아빠를 닮아서
궁금한 것 있으면 끙끙거리며 알아내고야 마는 직성.

엄마에게는 드라마 그만 보라는 잔소리꾼이기도 했고
동생에게는 엄하면서도 의젓하게 챙겨주는 딱, 형이었지.
아빠는 그런 너를 참 많이 사랑했단다.
네가 하고 싶은 것 있으면 '지금 아니면 언제 하겠니' 하며
너의 든든한 지원군이 되어 주었지.

중학교 때, 베이스기타 치고 싶다던 네게 기타를 사주자
넌 친구들과 밴드를 결성했지.
그때 연주하던 네 모습, 완전 멋진 쿨가이였어.
너보다 더 잘 친다며 친구에게 베이스를 넘겨주고
다시 드럼을 연습해 드럼주자가 됐던 우리 건우,
넌 정말 멋진 녀석이야.

못되게 구는 친구는 시간을 두고
혼내주겠다던 사내다움도 있었던 네가
친구들의 고민을 들어주는 상담사 역할을 했었다니.
그래서 심리학자로 진로를 결정했었구나.
속 깊게 정말 잘 커 주었구나 건우야
과묵한 카리스마 속정 깊은 너에게는
의리로 똘똘 뭉친 다섯 친구들이 있었지.

그 친구들이 세월호를 타고 먼 하늘의 별이 되었어.

이제는 너희 다섯 친구들의 아빠들이

너희들처럼 다섯 친구가 되었단다.

네가 살아서 꿈을 펼칠 수 있었다면

넌 드럼 치는 심리학자가 되어

아픈 사람들의 마음을 음악으로 치유했을 거야.

곧 벚꽃이 떨어질 거야.

아무리 예쁘게 핀 꽃도 시간이 지나면 떨어지니까.

그중엔 좀 일찍 떨어지는 꽃도 있겠지.

우리 건우처럼 말야.

환한 꽃들이 기억 속에 있는 것처럼

건우의 환하고 멋진 모습도 기억 속에 늘 있을 거야.

사랑하는 우리 건우.

늘 곁에 있어 줄 거지.

사랑해 하늘만큼 땅만큼 우주만큼.

- 권미강의 시 「환한 봄날 같은 건우에게」 전문

드럼과 베이스주자를 하며 열심히 밴드 활동을 했던 속정 깊은 쿨가이 어쩌면 인기 밴드의 리더로 세상을 살았을 건우처럼, 수학여행을 떠났다가 돌아오지 못한 아이들이 저마다 가슴에 품었던 꿈을 따라가 봅니다.

'오! 유정빵집' 큰딸 유정이의 꿈

일주일에 두 시간씩 제과제빵학원에 다니는 유정이(단원고 2학년 2반 오유정) 부모님은 안산에서 '유정빵집'을 운영하십니다. 어느 날, 학원에서 만든 쿠키를 들고 '유정빵집'에 간 유정이는 팔리지 않은 빵을 보고 마음이 많이 아팠다고 해요.

하지만 유정이 아빠는 가게 안에 늘 구수한 빵내음이 가득하고 손님들이 마음껏 먹고 싶은 빵을 고를 수 있어야 한다며 빵 굽는 일을 멈추지 않았답니다. 그날 남은 빵은 저녁에 반짝 세일을 하기도 하고 이웃에 나누어주기도 하는 '유정빵집'의 초라한 계산대 서랍을 보면서 유정이는 많은 고민을 했답니다.

그러다 엄마 생일선물을 사기 위해 간 화장품 가게 글씨를 보고 '유정빵집'을 살릴 아이디어가 떠올랐다고 해요. 평소 할머니에게 손편지 쓰는 걸 즐기는 유정이는 노란 도화지에 예쁜 손글씨로 이렇게 썼답니다.

'오! 유정빵집에 오신 걸 환영합니다.'

'오! 유정빵집에서는 맛있는 빵을 한 시간 동안 반값에 드립니다. 시간은 저녁 8시부터 9시까지입니다. 서둘러 오세요.'

예쁜 손글씨가 빵집 유리창에 붙자 제법 많은 사람들이 들어와서 빵을 사 갔습니다. 유정이 덕에 남은 빵을 걱정하지 않게 된 '유정빵집'에 지금도 유정이의 예쁜 손글씨가 붙어 있겠지요.

수빈이를 매료시킨 사학자의 꿈

단원고에 들어온 걸 너무도 좋아했던 수빈이(단원고 2학년 2반 남수빈)는 한국사에 매료돼 사학자의 길을 가고 싶었다고 합니다. 진학할 대학교도 성균관대학교 사학과로 미리 정했다고 해요. 사실 중학교 시절 수빈이는 힘든 사춘기 시절을 보냈다지요. 자기 방에 독서실 책상을 들여놓고는 친구들은 좀체 만나지 않았고, 아빠와는 갈등도 많이 겪었다고 해요. 그런데 고등학교에 들어온 수빈이가 달라진 거예요. 입학한 지 얼마 되지 않은 수빈이에게 아빠가 물어봤다고 해요.

"단원고 어떠냐?"

"한마디로 표현하면 밝고 즐겁고 자유롭다? 이 학교 오길

잘한 것 같아, 아빠. 거기 애들이 다들 순해."

집에서는 좀 멀지만 할머니집이 가까워 단원고를 선택했던 수빈이는 중학교 때와는 달리 친구들과도 잘 어울리고 동아리 활동도 열심히 했다고 합니다. 똑 부러지게 미래 사학자의 꿈까지 키운 수빈이는 교환학생으로 프랑스에서 온 한국 이름이 한솔지라는 케이틀린과 자주 어울려 다녔는데 젊을 때 넓은 견문을 넓혀야 한다며 유학이나 교환학생을 생각했답니다.

하지만 무남독녀 외동딸이 금쪽같았던 아빠는 그런 계획을 적극 반대하셨다고 하네요. 수빈이가 프랑스로 유학 갔다면 한국사뿐 아니라 세계사에도 매료됐겠지요.

태권도소년 경빈이

태권도 발차기에서만큼은 타의 추종을 불허하는 경빈이(단원고 2학년 4반)는 태권도 지도자가 되는 게 꿈이었습니다. 여섯 살 때부터 했으니 10년 넘게 태권도를 한 거지요. 경빈이의 발차기는 정말 일품이었는데 발차기하는 사진을 보면 발이 일자로 쭉 뻗어 있어 참 근사하답니다.

초등학교 때부터 태권도와 공부 중 하나를 선택해야 한다는 권고에도 경빈이는 둘 다 할 수 있다는 자신감을 가졌다고 합니다. 물론 더 열심히 해서 올림픽에 나가고 세계에서 태권도를 제일 잘하는 사람이 되고 싶은 것이 경빈이의 꿈이었습니다. 대회에 나가면 개인전과 단체전에서 금메달을 같이 딴 경빈이에게 사람들은 이렇게 말했다고 합니다.

"너처럼 차는 애가 없다."

"팔을 귀에 붙이고 손드는 건 줄 알았잖아."

우쭐대는 경빈이에게 스승님이신 관장님은 "이겼을 때 진 사람을 무시하지 않고 같이 운동하는 친구로 여기는 마음을 가져야만 진정한 승리를 얻는 것이다"라며 겸손한 마음을 갖게 해 주셨다고 합니다.

하지만 대학을 고민하는 나이가 되면서 경빈이는 공부에 더 집중하기로 아버지와 약속했습니다. 아버지는 "운동만 하는 선수로 반짝 성공하는 것도 좋지만 평생 태권도를 하면서 살았으면 좋겠다"라고 하셨고, 경빈이도 태권도 지도자로서 자격을 갖추고 미래를 위해 공부에 전념하기로 마음먹었답니다. 밤하늘을 올려다보세요. 경빈이처럼 멋진 발차기를 하는 별이 있을지도 모르겠어요.

평화롭고 정의로운 사제를 꿈꾼 성호

임마누엘 성호(단원고 2학년 5반 박성호)는 평화와 정의를 실현하는 삶을 살고 싶었고 그런 길을 가기 위해 사제가 되기로 맘을 먹었다고 합니다. 삶의 태도나 진로, 신앙적인 모든 면에서 이끌어 주신 인생의 멘토 엄마도 성호의 꿈을 반기셨다고 해요. 그도 그럴 것이 성호의 집안은 친가 쪽으로 3대째, 외가 쪽으로 5대째 가톨릭 집안이었으니까요. 수녀님으로 계신 이모님과는 어릴 적부터 여행도 다니고 단짝처럼 지냈다고 하니 참 자연스러운 결정인 거지요.

성호와 같은 나이인 선부동성당은 제2의 집이었다고 해요. 그래서 청소년이 할 수 있는 활동을 적극적으로 했는데 전례부에서는 미사 진행 해설을 하고, 신부님 옆에서 시중을 드는 복사도 했다고 해요. 레지오활동을 통해 교리공부도 열심히 했고 성가대에서는 솔로를 맡기도 했다니 성호는 어린 사제의 길을 충실하게 걸어온 것이지요.

성호가 존경하는 세 사람이 있었는데 그중 첫 번째가 신앙의 모범이신 엄마였고 두 번째가 전 생애를 남을 위해 헌신하신 이태석 신부님 그리고 정의를 증명하는데 주저하지 않는 삶을 살았던 노무현 대통령이었다고 합니다. 아픈 사람, 가난한 사람의 벗이 되고 정의를 위해 앞장서는 사람이고 싶었던 성호는 하늘나라에서 모두를 위해 기도할 것입니다. 사람들의 세상이 평화롭고 정의로운 세상이 되게 해 달라고…

배를 만드는 조선공이 되고 싶었던 혜선이

허스키 목소리에 뭐든 솔선수범하고 잘 해냈던 혜선이(단원고 2학년 9반 김혜선)는 배를 고치거나 만드는 조선공이 되고 싶었다고 합니다. 원래는 시각디자이너가 꿈이었는데 미대 쪽은 워낙 학원비가 많이 들기 때문에 선뜻해 줄 수가 없었던 부모님의 뜻을 따라 포기한 착한 딸이었지요. 속 깊은 혜선이는 다른 진로를 선택했는데 그것이 바로 조선공이었답니다.

배를 만드는 일을 하면서 시각 디자인의 꿈도 함께 이어갈 수 있다고 생각한 혜선이는 그때부터 조선공의 세계를 알아보았고 한국해양대학교로 진학하겠다는 포부를 밝혔다고 합니다. 친구들도 혜선이를 통해서 조선공에 대해 알게 됐다고 하니 참 생소한 직업이지요. 조선공에 대한 책을 사려고 서점을 돌았지만 책을 구할 수 없었던 혜선이는 조선소에 직접 가서 배 만드는 과정을 보고 싶어 적극적으로 알아보고 다녔다고 해요. 친구들에게도 늘 그쪽 이야기만 할 만큼 정말 열정적이었다는 혜선이는 선생님의 친구 아들이 발명한 '온열구명조끼' 얘기를 듣고는 따뜻해서 오래 버틸 수 있겠다며 좋아했다고 해요.

조선공이 꿈이었던 혜선이가 세월호를 타고서 얼마나 호

기심 많은 눈으로 이곳저곳을 다녔을까요. 아마 누구보다 행복한 표정으로 배 구석구석을 돌아봤을 거예요. 혜선이의 눈빛만큼 밝은 별이 반짝일 때마다 혜선이가 그리워질 거예요.

천국 같은 카페를 갖고 싶었던 수정이

달콤하고 부드러운 '캬라멜 마키아또'를 좋아했던 수정이(단원고 2학년 10반 장수정)는 커피전문점이나 카페를 여는 것이 꿈이었다고 합니다. 커피도 마시고 맛난 음식도 먹으면서 회의도 할 수 있는 편안한 분위기의 공간이지요.

미역국과 호박볶음으로 엄마 생일상을 차렸던 솜씨를 발휘해 김치볶음밥이나 해산물을 잔뜩 넣은 해물볶음밥을 만들고 햄애그 샌드위치를 커피와 함께 내는 사신을 상상했답니다. 엄마랑 자주 갔던 커피전문점에서 실내인테리어를 살펴보면서 미래에 낼 카페를 어떻게 꾸밀지도 미리 그려보곤 했다지요.

> '너를 사랑해 너를 부르네 너를 기억해 너를 기다리네
> 그대의 말 한마디 사랑한다는 그 한마디
> 너를 사랑해 너를 기억해

기쁨 슬픔 눈물 하늘 별 그리고 천국'

- 빅뱅의 〈천국〉 중에서

좋아하는 빅뱅 노래 〈천국〉이 흘러나오는 카페에서 커피 향을 맡으며 사랑하는 사람이 함께 있는 곳이 천국일 거고, 그런 천국 같은 카페를 하고 싶었다는 수정이의 첫 손님으로 예약된 사람은 다름 아닌 엄마라고 해요. 어릴 적부터 엄마 곁을 떠나지 않았던 수정이는 카페를 여는 첫날, 향기 좋은 아메리카노를 만들어 드리려고 했답니다. 그 안에는 '엄마, 사랑해' 하는 마음도 담겨 있겠지요. 수정이가 내려준 커피를 마시고 싶네요.

친구여서 행복했어
- 우정을 가슴에 새기고 떠난 아이들

3명의 소년이 축구를 보고 있습니다. 또 한 소년은 다리 난간에서 어둠으로 더 깊어 보이는 강을 바라봅니다. 3명의 소년 중 한 소년이 다리 난간을 붙들고 서 있는 소년에게 전화를 합니다.

"우리 축구 같이 보기로 했잖아."

다리 난간에서 당장이라도 떨어지려는 듯 까치발을 들던 소년은 대답합니다.

"근데 나 지금 가면 늦을 거 같은데 괜찮니?"

소년이 전화를 끄고 혼잣말을 합니다.

"전화하기를 잘한 거 같아."

다리 난간에서 손을 떼고 걸어가는 소년의 뒷모습으로는 이런 문구가 흐릅니다.

'생각한 것보다 더욱 잘한 일이에요.'

그리고 네 명의 소년들은 자신들이 응원하는 첼시가 이기자 환호성을 지르며 하나가 됩니다. 2013년 지식채널e 시청자 UCC공모전 대상을 받은 '소년의 밤'이라는 작품입니다.

질풍노도의 시기, 방황하는 10대라는 타이틀을 걸고 살아가는 우리 아이들에게 친구는 어쩌면 그저 웃고 즐기는 대상보다 훨씬 더 큰 힘이 되는 존재입니다.

'친구란 같이 웃어 줄 사람, 같이 울어 줄 사람, 같이 싸워 줄 사람, 친구란 가장 귀한 재산이고 지극한 기쁨이며 애정으로 포장하고 완벽으로 줄을 맨 친구란 하늘로부터의 선물'
- U. 샤퍼

짧은 생애를 세월호에서 마감한 아이들에게도 살아가는 동안 서로에게 기댈 수 있는 등이 되어 주고, 보듬을 수 있는 품이었던 친구들이 있었습니다. 아이들이 가슴에 안고 새겼던 친구들의 추억과 우정은 어땠을까요.

착한 울라프, 듬직한 크리스토프 '민재'

애니메이션 '겨울왕국'에 나오는 눈사람 '울라프'를 좋아했던 민재(단원고 2학년 7반 성민재)는 있는 듯 없는 듯 진심을 다하며 결정적일 때 도움을 주는 '울라프' 같은 사람이 되기를 원했습니다. 하지만 친구들은 민재에게 우직한 해결사 '크리스토프'를 닮았다고 했지요. 회장 선거에 나간 친구 성현이를 위해 열정적으로 선거운동에 나섰고 결국 당선시키는 데 결정적인 역할을 한 브레인이었답니다. 친구들과 갔던 섬 여행도 앞장서서 이끌고 졸업하는 날에는 '함께 세계여행 가자'며 계획도 세웠던 민재는 친구에 대한 마음이 남달랐다고 해요.

어느 날, 할머니와 어렵게 사는 중학교 친구 집에 놀러 갔었는데요. 복지사가 놓고 간 밥을 같이 먹게 되었답니다. 그날 밤 민재는 자신의 용돈과 아빠에게 애교를 부려 받아낸 돈으로 겨울을 따뜻하게 보낼 친구의 옷을 사서 갖다 줬다고 해요. 참 따뜻하고 착한 울라프죠. 민재가 수학여행 가기 전, 엄마에게 보고 싶을 때 들으라며 주고 간 노래가 있는데요. 이승철의 '그 사람'인데요. 엄마는 친구들에게도 참 따뜻했던 민재를 생각하며 마지막으로 준 노래를 늘 듣는다고 해요.

> 그 사람 지울 수 없는데 그 사람 잊을 수 없는데
> 그 사람 내 숨 같은 사람 그런 사람이 떠나가네요
> 그 사람아 사랑아 아픈 가슴아 아무것도 모르는 사람아
> 사랑했고 또 사랑해서 보낼 수밖에 없는 사람아 내 사

랑아

　　　　　　　- 이승철 노래 '그 사람' 중에서

Don't forgot to remember 유림

친구들이 생각하는 유림이(단원고 2학년 2반 허유림)는 '4차원 소녀'라고 해요. 친구가 차고 있는 팔찌가 예쁘면 '팔찌' 하고 짧고 단답형 말로 표현하기를 좋아하던 유림이는 신발도 특이한 것을 즐겨 신고 독특한 걸 좋아하는 소녀였답니다. '중2병'을 앓는 친구들을 보듬어 주는 유림이는 따뜻하고 속 깊은 아이여서 좀 서운하게 했던 친구들에게 편지를 써 진심을 전했다고 해요.

'지유야, 나 유림이야. 우리 틱틱이! 내가 놀리거나 장난쳤을 때 너의 반응이 신경 쓰여서 너에게 편지를 쓴다. 내가 놀리는 건 진심이 없다는 거 알지? 네가 울 때 제대로 위로해주지 못해 미안했어. 그래도 울지 마라. 힘들면 얘기해. 같이 고민 들어줄 수 있어. 우리 꼭 공동체 같은 거 알아? 어디 갈 때 꼭 넷이 가잖아. 지유야 힘들어하지 말고 울지 마. 좋아함 권지유♥혜은이랑 다솜이도.'

카톡방에서 혹시라도 왕따를 당하는 친구가 생기면 먼저 나서서 챙겨주고 배려해 주겠다고 약속했던 친구들은 방과

후 활동으로 '보컬트레이닝' 동아리에 함께 들었는데요. 굉장히 음이 높은 빅마마의 '체념'을 멋지게 소화한 유림이를 보고 놀랐다고 해요.

'행복했어, 너와의 시간들. 아마도 너는 힘들었겠지. 너의 마음을 몰랐던 건 아니야. 나도 느꼈었지만 널 보내는 게, 널 떠나보내는 게 아직은 익숙하지가 않아. (중략) 시간을 돌릴 수만 있다면, 다시 예전으로 돌아가고 싶은 마음뿐이야.'

- 빅마마 노래 '체념' 중에서

지금도 이 노래를 들으면서 친구들은 재미있고 의리 있던 유림이를 그리워하고 있다고 해요. 중학교 단짝들이었던 세 명의 유림이 친구들은 사고 직후, 팽목항까지 내려가서 유림이를 추억했습니다. 소외된 친구들 마음을 어루만져 주고 힘든 친구들을 다독여 주던 유림이와의 우정을 영원히 간직하기 위해 중학교 친구들은 네 개의 반지를 맞췄답니다.

'Don't/forgot/to/remember'. 반지에 한 단어씩 새겨 넣고 유림이 반지는 납골함 안에 넣었어요. 남겨진 세 친구들은 유림이를 잊지 않고 기억하겠다는 다짐을 하며 늘 반지를 끼고 다닙니다.

> 안녕 유림아,
>
> 여전히 집에 가는 길엔 너의 학교가 보이고 너의 웃음소리가 들리는 것 같은데…
>
> 이제는 너의 생각도 알 수가 없고 얼굴을 마주 보고 얘기를 나눌 수도 없다는 사실이 너무 슬프지만… 잘 지내고 있지? 꾸준히 생각하고 기억해 주는 게 이 자리에서 할 수 있는 일이 아닐까, 보고 싶은 마음 하고 싶은 이야기 다 하나하나 차곡차곡 모아 뒀다가 나중에 만나면 그때 말해 줄게. 좋은 친구가 되어줘서 고마웠어. 많이 보고 싶다. - 단원중학교 동창 권지유 학생의 편지 중에서

단원고 연극반의 열정과 우정을 새기고 간 경미

누구나 한 번쯤 마음속에서라도 꿈을 꾼 직업이 배우가 아닐까 싶어요. 연극무대에 서서 자신이 아닌 다른 이의 인생을 경험한다는 거, 정말 멋진 일이죠. 고등학교 연극반은 그 꿈을 현실에서 만들고 싶었던 아이들의 특별한 동아리죠. 말수도 적고 몸치장에 별 관심이 없던 경미(단원고 2학년 9반 오경미)는 단원고 연극반에서 연극배우의 꿈을 키웠던 아이였

어요.

조용조용한 성격에 꾸미지 않은 외모 때문에 배우와는 무관할 것이라는 생각을 깨고 도전한 오디션에서 경미는 합격했고 연극반 일원이 됐죠. 하지만 말끝을 흐리고 깍듯하지 않다는 이유로 처음엔 선배들로부터 오해도 받았다고 해요. 경미도 선배들 앞에서 싹싹하게 구는 일이 수학 문제 푸는 것만큼이나 어려웠다니 말이죠. 나중에야 선배들은 경미 성격이 원래 그렇다는 걸 이해했고 경미도 잘 적응했다고 합니다.

경미가 배우에 도전하게 된 첫 작품은 〈일 등급 인간〉이었답니다. 사람에게 등급을 매기는 사회와 그 안에서 살아가는 사람들을 보여주는 블랙코미디 같은 작품인데요. 거기에서 경미는 인간의 등급을 올려주는 인간개조회사 사장 배역을 맡았다고 해요. 늘 마지만 입고 다니던 자신에게 사장 배역은 정말 딱 맞다고 생각했다는군요.

무대에 선다는 것은 녹록지 않았어요. 걸어 나오는 동선부터 발목이 잡히는 거예요.

"걷는 게 이상해 나갔다 다시 들어와."

연출 선생님의 지적은 계속됐고 다른 배역을 맡은 아이들도 고단한 연습에 힘들어했어요. 거기다가 경미는 술주정뱅이 회사원으로 등장하는 극 중 광고 주인공으로 1인 2역을 해야만 했다는군요. 술 취해 본 적 없는 경미는 당연히 어색할 수밖에 없었지요.

"술 취한 사람은 그렇게 걷지 않아."

"눈을 더 게슴츠레 뜨고!"

연습에 연습이 계속되면서 아이들이 지쳐가던 어느 일요일, 연출 선생님은 야외무대가 있는 동막골로 가자고 제안하셨죠. 소품과 세트를 만들어야 한다는 핑계였지만 선생님은 연습으로 지친 아이들에게 편하게 즐길 수 있는 시간을 주신 거지요. 오랜만에 야외에서 신나게 놀던 아이들을 위해 선생님은 직접 삼겹살을 구워주셨다고 해요. 옆에 있는 주말농장에서 싱싱한 채소를 얻어와 쌈도 싸 먹고 정말 배불리 먹었던 연극반 아이들.

그런데 정말 재미난 일이 있었데요. 이웃 농장 아저씨가 "예술을 하려면 요 맛도 좀 알아야지, 자, 조금씩 맛만 봐라" 하시고는 막걸리 한 잔을 따라 놓으신 거예요. 그걸 경미가 제일 먼저 마시고 아이들이 차례로 한 모금씩 마시며 한 순배 돌았는데 다시 경미가 한 모금 꿀꺽 들이키고는 "캬아아" 소리까지 내더랍니다. 그리고는 연거푸 몇 입 더 마시더니 일어나서는 비틀거리며 춤을 추듯이 걸어가더래요. 그 모습을 보고 아이들은 까르르 웃었다지요. 그러고 나서 경미는 술주정뱅이 연기를 실감 나게 했다는군요.

드디어 안산청소년연극제 무대에 서는 날, 분장을 해 주던 선배들이 경미를 보면서 말했데요.

"너 내년에 머리 기르고 여자 역할 해. 이거 봐, 너 되게 예뻐."

경미도 거울에 비친 자신의 얼굴을 보고는 싱긋 웃어 주었다는군요. 선배 말대로 내년에는 긴 머리 여자주인공 역을 해 보겠다는 생각을 하는 듯 말이에요. 경미가 첫 도전한 연극은 '안산청소년연극제 금상 수상'이라는 영광을 단원고 연극반에게 안겨 주었지요. 주인공 역할을 멋지게 보여준 같은 반 다인(단원고 2학년 9반 편다인)이도 뮤지컬배우의 꿈을 이룬 것처럼 무척 기뻐했다고 해요.

경미를 통해서 들여다본 단원고 연극반은 청소년 시절을 누구보다 알차게 지내는 것 같아요. 연극반 아이들과 단단하게 엮어왔던 열정과 우정을 추억하며 경미는 다인이와 함께 별이 된 이야기를 연극으로 만들지도 모르겠어요.

"경미야, 잘 지내고 있지? 넌 정말 멋진 배우였어!"

사무치고 사무쳐서 시를 썼어
- 세월호 3년상 치르고 딸 영전에 올리는 어머니의 시편들

 엄마는 가슴에서 딸을 조심스레 꺼내 놓았습니다. 3년이 지났어도 여전히 열여덟 소녀인 엄마의 딸, 궁이라는 애칭으로 불렸던 혜경이. 엄마가 들려주는 혜경이 이야기에는 행복했던 네 가족의 추억과 그리움이 묻어나 달달하게 전해졌습니다.

 엄마의 목을 잡고 애교를 부리던 둘째 딸 혜경이를 보내고 난 후, 엄마는 자신을 '진짜 못된 엄마'라고 가슴을 쳤습니다.

 "기울어져서 물이 들어오는 깜깜한 배 안에서 얼마나 힘들었을까"

 그때 아무것도 해 주지 못했던 자신이 정말 밉다고 했습니다.

 결혼 7년 만에 얻은 큰아이 뒤를 이어서 생각지도 못하게 선물처럼 와준 아이였던 혜경이는 엄마 아빠의 두 번째 보물

이었습니다. 두 딸을 '띵이, 긍이'라고 부르며 너무나 예뻐하는 딸바보 아빠랑, 감성이 풍부한 문학소녀 엄마랑 네 식구가 얼마나 알콩달콩하게 살았는지, 눈물이 고인 눈을 반짝이며 전해주는 가족 이야기는 영화 같았습니다.

세월호가 거짓말처럼 가라앉고 혜경이와 함께 304명의 사람들이 4월의 꽃처럼 졌을 때, 엄마, 아빠는 하늘이 무너진다는 것이 무엇인지, 자식을 잃는 슬픔이 무엇인지 알게 됐다고 합니다. 억울함과 회한과 진실 규명을 위해 비바람이 몰아치든, 뙤약볕이 내리쬐든 거리에서 싸우며 '왜 아이를 잃은 우리가 이래야 하는지' 견딜 수 없었다고 했습니다.

너무나 평범하고 착하게 살아왔던 사람들이었기에 세월호 참사 유가족이라는 이유로 '빨갱이, 종북, 좌파'로 몰리는 현실이 기막혔지만, 언니 꿈에 나타난 혜경이가 "위에서 다 보고 있어"라고 했던 말을 되새기며 '우리 혜경이가 보고 있으니 잘 살아야지' 다짐하는 엄마 유인애 씨.

'너의 냄새를 한 번만이라도 더 맡고 싶어'

엄마는 사무치는 딸에 대한 그리움을 담은 시집을 냅니다. 아이를 떠나보낸 지 1년 반을 보내고 쓰기 시작한 시는 이제 120편이 되었습니다.

오늘 장롱 서랍 속 깊숙이
흔적을 찾아 눈과 손을 빌린다

신생아 때 입었던 배냇저고리
두 벌이 예쁘게 개어져 있다

큰아이 입히고 작은 아이도 입혀서 앞섶 부분이 누런 배냇저고리
~중략~
내 분신이었고 내 사랑을 한없이 준 아기
요 배냇저고리 다시 입히면 좋으련만
지난 흔적만 아련하게 끌어낸다
사랑해 아가야

- 유인애 어머니의 시 「배냇저고리」 중에서

 배냇저고리를 입고 새근새근 잠을 자던 어린 혜경이를 떠올리면서 쓴 시에서는 얼마나 많이 배냇저고리에 남겨진 아이의 체취를 맡았을까 짐작이 되었습니다.

딸의 사망신고서 적는 내 손이 싫구나

딸바보 혜경이 아빠 이중섭 씨는 살면서 세 번 억장이 무너지는 고통을 겪었다고 했습니다. '처음은 혜경이가 수학여행 갔다가 사고당했다는 소식을 듣고, 두 번째는 혜경이를 수원 화장장에서 화장할 때, 마지막으로 동사무소에 가서 자신의 손으로 사망신고서를 쓸 때'였다고 합니다.

육십이 다 된 아비가 어린 자식의 사망신고서를 쓴다는 것은 도저히 믿기지 않은, 결코 하고 싶지 않은 일이겠지요. 그 힘겨운 일을 하면서 아빠는 결국 오열하고 말았다고 합니다. 엄마는 그 현장을 보고 아픈 시를 썼습니다.

> 아비의 정, 온몸이 사시나무처럼 떨린다
> 너무 갑작스런 비보는 부녀장막父女帳幕을 무너트리고
> 오십 평생 와서 한恨을 새긴다
>
> 부모라는 갖고 싶은 두 글자 살며시 덤으로 주더니
> 이토록 통열痛裂하며 찢기는 가슴에
> 너를 담아 세상과 이별을 고하는구나
> 내 손으로 너를 지워야 하는 죄책감
> 하염없이 미안해

눈물이 손에 쥔 용지를 적신다

진정 이 손이 싫구나

생을 돌아 돌아도 만날 수 없는 인연

만남이란 회포를 가져보는 세상이란

꿈에서나 볼 수 있을까.

   - 유인애 어머니의 시 「사망신고 하던 날」 전문

귀요미 혜경아 보고 싶어

혜경이랑 두 살 터울이었던 언니도 부모님과 똑같은 심정으로 동생 혜경이의 부재를 아파했습니다. 자매에서 이제는 홀로 남겨진 혜경이 언니의 이야기를 듣고 엄마는 시로 그 마음을 표현했습니다. 별이 된 혜경이가 볼 수 있도록.

동생아 세상 어디 꼭꼭 숨었니

언니랑 너랑 시간여행 해 볼까

곰곰 묻는다

사진 속 어린 우리 모습 보았니

시간은 멈춰 너의 모습 귀요미

송송 보이네

동생아 어디쯤 오고 있니
영화도 봐야지 음악도 듣자
좋아하는 감자튀김 녹차
언니가 한 턱 쏠게

예쁘게 예쁘게 사랑별 빛나니
세상 사랑으로 감싸 주느라
기다려도 오지를 못하는구나
내 동생.
    - 유인애 어머니의 시 「동생과 추억 읽기」 전문

혜경이가 떠난 지 일 년이 되고 엄마, 아빠는 세월호가 가라앉았던 맹골수도를 갔습니다. 아이가 마지막으로 숨 쉬었던 맹골수도. 하늘과 맞닿은 맹골수도에서 혜경이를 부르며 오열했던 엄마는 아픈 내용을 시로 옮겼습니다.

노란 부표가 떠 있다
사랑하는 딸내미 있던 자리

몰아치는 가쁜 숨

이내 풀썩 힘없이 내려놓는 손

그 자리

아빠 엄마 일 년이 되어서야

그 숨결 일었던 여기에 왔다

선회하는 배 위에서

딸내미 혼자 홀연히 올라온

어린 영혼 고통의 자리

헌화하며 사무치는 그리움

눈물로 배회한다.

- 유인애 어머니의 시 「맹골수도」 전문

혜경이가 사랑했던 금구모 아이들

엄마는 혜경이가 사랑했던 1학년 9반 친구들의 모임인 '금구모'에 대한 그리움도 시로 썼습니다. 너무나 친해서 2학년이 되어서도 모임을 가졌던 아이들. '금구모'는 '금요일엔 1학년 9반 모이자'란 뜻이라고 합니다.

우정을 아름답게 꽃 피웠다

교정 곳곳 발길 닿는 곳

열정의 씨앗

일 학년 입학부터 흩날렸지

순수한 감성 첨가제 한껏 마시며

꿈이란 큰 그릇에 마음을 꽉 채운

풋내기 여고생 '금구모' 예쁜 꽃들

사월 벚꽃처럼 아름다워야 할 꽃

가슴에 한 서린 채 짓밟혀

세상의 눈길을 사로잡았구나

얼마나 무서운 극한을 견뎠을까

얼마나 떨리는 입술로 불렀을까

아빠 엄마

잊지 않을게 잊지 않을게

단원의 '금-구-모'야

    - 유인애 어머니의 시 「금요일 구반 모임」 전문

사진 속 혜경이를 보며 '환하게 웃네 아무 일 없었던 듯/엄마 다녀올게/한 가닥 한 가닥 머리 쓰다듬고/웃는 눈 금방 눈물 나올 듯' 보고 싶은 마음을 전하는 엄마는 퇴근하면서 혜경이가 걸었던 길을 걷다가도 '오늘도 주루룩 얼룩지는 딸내미/두 줄기 빗물 하염없이 내려/턱 끝에선 줄기 뭉글뭉글/힘없이 발등 아래 내리꽂는다/아! 가슴 찢기는 목메임.'이라며 보고 싶어 주체할 수 없는 딸에 대한 마음을 눈물로 풀어놓았습니다.

아이 유골함 옆에 놓아줄 거예요

시 하나하나가 혜경이를 사랑하는 마음을 담은 만큼 소중하다는 엄마 유인애 씨는 아이들을 시집보내고 부부끼리 산속에 들어가서 책장 가득 책을 쌓아놓고 평생 한 권의 책을 쓰고 싶다던 소원이 어떻게 딸을 보내고 이뤄졌는지 그것 또한 아프고 미안하다고 했습니다. 하지만 하늘의 예쁜 별이 된 혜경이는 엄마의 시집을 받고 무척 기뻐할 것입니다. 메이크업 아티스트가 꿈이었던 혜경이는 시집이 나오는 날, 엄마의 꿈에 나타나 예쁘게 화장을 해줄 것입니다.

"와, 화장하니 우리 엄마 정말 이쁘다"하면서 자신의 이야기로 시집을 내준 엄마를 무척 자랑스럽게 생각할 것입니다. 딸의 유골함 옆에 한 권의 시집을 꼭 놓아주고 싶다던 엄마의 꿈이 6월이면 이루어질 것입니다. 정말 애쓰셨습니다. 어머니.

너에게 그리움을 보낸다

"그냥 제 맘에 있던 걸 그대로 쓴 거예요."

"혼자 사무실에 있을 때는 숨이 막히는 거 같았어요. 트라우마죠. 막히고 깜깜한 곳이 떠오르니까요. 아빠랑 얘기해요. 영화관에 가지 말자고. 밀폐된 공간에 있으면 그 상황이 떠올라요. 못 올라오지. 저 문을 기어서 어떻게 올라갈까? 그게… 기울어진 상태에서 아무리 구명조끼 입었다고 해도 올라갈 수 없지…"

혜경이 어머니 유인애 씨가 인터뷰 자리에서 꺼낸 첫마디였다. 혜경이 엄마 유인애 씨를 만난 건 세월호 3년상을 치르고 얼마 지나지 않아서였다. 다음 스토리펀딩을 통해 세월호 참사로 희생된 단원고 아이들과 선생님들의 짧은 인생 이야기를 담은 책 『416단원고약전』을 작은도서관 100곳에 보내는 프로젝트 때문이었다.

스토리펀딩을 위해 써야 할 기사를 기획하던 중 어머니 한 분이 시집을 준비하고 있다는 소식을 전해 듣고 인터뷰를 요청했다. 약속을 잡고 출판사 사무실에서 만나기로 했는데 기다리는 동안 가슴이 졸여왔다. 너무 큰 아픔을 가진 어머님을 만났을 때 어떻게 대해야 하는지, 설혹 내가 먼저 눈물을 쏟는 건 아닐지, 어떻게 듣고 싶은 말을 유도해야 상처가 되지 않을지 머리가 복잡했다.

세월호 참사는 유족들만의 아픔이 아닌 전 국민의 슬픔이었기에 유족의 마음을 충분히 이해하고도 남으니, 그저 있는 그대로 얘기하자고 마음을 다독였다. 하지만 약속 시간에 맞춰 오신 혜경이 어머니와 아버지의 선하고 맑은 모습은 억지로 눌렀던 감정의 선을 넘어서게 했다.

올라오는 울컥거림을 간신히 누르며 "안녕하세요"라고 웃음으로 인사했다. 자그마한 얼굴에 순수한 눈빛의 어머니와 큰 눈에 착한 기운이 가득한 아버지의 인상만으로도 혜경이가 어떤 아이인지 단번에 느껴졌다. 그 예쁜 아이를 잃었으니 얼마나 가슴이 아팠을까.

사랑하던 '긍이'가 갑작스레 세상을 떠났다
엄마와 아빠는 혜경이를 '긍이'라고 불렀단다. 첫딸인 '띵이'와 네 식구가 참 예쁘게 살았다고 했다. 메이크업 아티스트가 꿈이었던 혜경이는 막내답게 애교도 많이 부렸지만, 속도 깊은 아이였다고 회고했다. 메이크업 아티스트가 되면 고생하는 엄마의 잔주름을 없애주겠다고 약속했고, 착한 아빠를 닮아 투정 한 번 부리지 않는 착한 딸이었다고 했다. 언니와는 둘도 없이 친하고 의좋은 자매였다는 혜경이. 그런 딸이 갑작스레 세상을 떠난 것이다. 수학여행을 가던 친구들과 함께 열여덟 꽃다운 나이로 사랑하는 가족을 떠난 것이다.

소식을 듣고 진도 팽목항으로 내려갔던 부모님 두 분의 마음이 어땠을지는 한마디 말을 듣지 않고도 알 수 있었다. 애가 끊어질 듯한 아픔, 자식을 잃은 슬픔이 복받쳐 창자 마디마디가 끊어지는 아픔이 바로 자식 잃은 부모의 심정이다.

혜경이 부모님은 그 애끓는 부모의 마음이 무엇인지 알았다고 했다. 아이를 잃고 팽목항에서, 광화문에서 세월호 유가족들과 함께 진상규명을 위해 싸웠지만 아이는 돌아오지 않았다. 돌아올 수 없다는 걸 알면서도 혜경이를 위해 싸웠다고 했다. 그게 황망하게 세상을 등진 아이를 위해 부모로서 할 수 있는 최선이었다고 했다.

밥 먹고 사는 것조차 힘들었다. 원래부터 평생 책 한 권 내보는 것이 소원이라는 걸 아는 친정 동생이 시를 써보라고 했다. 혜경이를 위해서 시를 쓰라고 했지만 '혜경이는 그렇게 갔는데 엄마는 이렇게 쓰고 있다'고 생각하니 부질없어 보였다. 그런데 동생이 계속 힘을 줬다.

결혼 후 7년 만에 가진 아이들, 시험관 시술까지 했는데도 아이가 들어서지 않아서 포기했을 때, 선물처럼 온 아이들이라고 했다. 언니를 낳고 2년 만에 혜경이를 가졌는데 너무 예쁘고 기뻐서 엄청 위하고 받들었다고 했다. 그 아이를 생각하니 써야겠다는 용기가 났다고 했다.

세상은 잠시 바뀌었지만, 엄마들의 세상은 바뀌지 않았다

다시 힘을 얻고 혜경이를 담은 시를 썼다. 아이가 떠난 지 1년 반 정도 지나서였다. 아이가 태어났을 때 입혔던 배냇저고리를 꺼내 쫓내 나는 아이의 체취를 맡으며 시를 쓰기 시작했다. 그렇게 써온 시가 120편. 그중에서 64편의 시를 묶었다. 지난 8월 『416단원고약전』을 펴낸 굿플러스북(대표 이재교)에서 『너에게 그리움을 보낸다』라는 제목으로 시집이 나왔다.

『416단원고약전』을 펴내고 진상규명을 위한 자료집을 만드는 등 세월호 참사 관련해서 많은 일을 해온 '굿플러스북'은 혜경이 어머니에서 시인으로 다시 서는 유인애 씨를 위해 이해인 수녀님과 이산하 시인에게 글의 표사와 해설을 부탁

했다.

 두 분 모두 기꺼이 시를 읽고 글을 보내줬다. 이해인 수녀는 표사를 통해 "딸을 잃은 슬픔과 딸을 향한 그리움이 그대로 시의 꽃으로 피어난" 시집이라고 애정을 보내줬다. "깊은 슬픔 속에 숙성되고 발효된 언어들은 눈물겨운 공감의 언어로 읽는 이의 마음을 적시고, 마음껏 슬퍼함으로써 조금씩 치유될 수 있음을 알게 해 준다"라며 "힘들어도 힘내세요, 혜경이 엄마"라고 격려의 마음을 전했다.

 4·3항쟁을 담은 서사시 「한라산」을 쓴 이산하 시인도 혜경이 어머니의 마음과 시에 담겨진 모성애를 해설에 담아 보냈다. "시집을 펼치자 내 피가 하늘로 올라간다"고 처음 시를 본 느낌을 전한 이 시인은 시집의 시편들을 "펜으로 쓴 뜨개질"이라고 표현하며 "상처받아 뾰족했던 아이들의 영혼이 엄마의 손끝에서 둥근 무지개처럼 떠오른다"라고 평했다.

 "엄마 유인애 씨가 피눈물로 쓴 이 시집에서는 칼로 천천히 살점을 도려내고 천천히 뼈를 긁는 소리가 들린다. 아이는 한 번 죽지만 엄마는 수백 번 죽는다"라며 한 편 한 편 시를 쓰며 고통을 견뎠을 엄마 유인애 씨의 심정을 짐작하고 보듬었다.

 "진실은 침몰했고 살 한 점, 뼈 한 조각 만져본 게 전부였다. 대통령은 탄핵되었지만 세월호는 탄핵되지 않았다. 세상은 잠시 바뀌었지만 엄마들의 세상은 잠시도 바뀌지 않았다. 하물며 아이들의 영혼은 어떠하랴. 이게 현실이다. 세상은 강자가 약해져서 바뀌는 게 아니라 약자가 강해져야 바뀐다. 하늘로 올라가는 피를 자세히 보니 그것은 내 피가 아니라 이 시집의 시들이었다."

해설의 마지막 부분에서 시인은 세상을 직시해야 할 이유도 전해줬다.

혜경이 엄마, '약손 같은' 시인으로 태어나다

"글을 쓰면서 많이 울었어요. 우리 딸 생각하면서 가까이에서 느끼는 거. 엄마 등 뒤에 와서 엄마가 좋다고 그런 모습 생각하며 썼어요. 딸을 위해 못 쓰는 글이라도 써서 추모관 생기면 유골함 옆에다가 하나 놔주고 싶어서… 엄마가 해줄게 하고…"

단원고 2학년 2반 고 이혜경 학생. 진도 팽목항 분향소에 있는 혜경이 영정사진만 봐도 눈물이 흐른다. 혜경이 엄마 유인애 씨는 추모관이 지어지면 딸의 유골함에 이 시집을 놓고 싶다고 한다.

작가의 말을 통해 "2014년 4월 16일 세월호를 타고 먼 여행을 떠난 단원고등학교 2학년 혜경이의 엄마로 쓰고 또 쓸 것이다"라고 다짐한 혜경이 엄마는 이번 시집을 통해 유인애 시인으로 거듭났다. 그래서인지 『너에게 그리움을 보낸다』는 폭풍 같은 두 계절을 보내고 온몸을 물들이며 안주하게 될 혜경이 엄마의 나무 같은 시집이다. 그리고 우리에게도 시대의 상처를 치유하는 어머니의 약손 같은 시집이 될 것이다.

　　뒤돌아보아도 아프다
　　시간을 가슴에 짓이겨 뭉갰지
　　멈추어도 아프다
　　시간을 어미 발꿈치로 짓밟고
　　한 발짝 떼어도 아프다
　　시간은 뇌리에 정박해 있다

　　2014. 4. 16

　　사랑하는 딸 앞에서
　　죄 많은 엄마는 눈물만 보인다.
　　　- 유인애 어머니의 시 「뒤돌아보아도 아프다」 전문

416 순례길을 걸으며

아무도 걷지 않은 길은 없다

길 잃은 노루 한 마리

긴 다리 껑충이며 뛰어갔거나

어미 따라 토끼새끼 몇 마리

집으로 돌아갔거나

저보다 큰 양식들 등에 이고

새미늘 기어갔거나

하물며 쇠똥구리 한 마리

똥 한 덩이 굴리며 가던 길이었으리

흔들리는 들꽃에도 손길 내주고

머문 산새에게도

고개 들어 눈길 보내는 일

낯선 바람 속으로 온전히 들어서는 일

걷는다는 것은

앞선 사람과 발을 맞춰도

그림자는 밟지 않는 일

아무도 걷지 않는 길은 없다.

- 권미강 시 「길을 걷는다는 것」 전문

　세월호 3년상을 치르면서 사람들은 생각이 많아졌다. 권력의 불편한 진실 앞에 놓인 사람들이나 여전히 진실의 눈을 보지 못한 사람들 빼고는 너나없이 세월호의 아픔을 자신의 가슴에 두고 살았고 그 세월의 무게만큼 힘을 모아 세상을 변화시켰다. 하지만 국민이 원하는 정부가 들어섰다고 과거처럼 들떠 있지만은 않다. 그동안 왜곡되고 꼬여왔던 현대사의 적폐들이 더 이상 '민주주의'라는 이름 아래에서 발붙이지 못하도록 다양한 목소리를 내고 있다. 그 안에는 국가의 무능과 폭력으로 생긴 상처들을 치유하는 움직임도 있다.

　지난 2017년 5월 15일, 생명평화결사와 한국작가회의는 세월호가 출항했던 인천여객터미널 앞에서 '416 순례길' 출발식을 가졌다. 7월 6일 진도 팽목항까지 53일간의 긴 순례길에 오른 것이다. 세월호가 지나던 바다를 마주하며 해안선을 따라 걷는 순례는 희생자들의 넋을 위로하고 다시는 이 땅에서 세월호와 같은 참사가 일어나지 않기를 염원하는 길이다. 많은 이들이 머리를 맞대고 오래 고민하고 준비한 416 순례의 첫걸음은 2016년 9월 5일부터 10월 20일까지 45일간 순천의 대안학교인 사랑어린배움터 학생들이었다. 10대 청소년들이 아프게 세상을 떠난 선배들의 뱃길을 따라 걸어가며 많은 생각을 했으리라. 그 어린 학생들의 뒤를 〈416희망의순례단〉이 이어갔다.

'416 순례길'은 단순히 걷는 길이 아니라 마을과 마을을 잇고 사람과 사람이 만나서 서로의 마음을 나누고 서로의 등을 다독이는 소통과 상생의 순례길이다. 교회와 사찰, 성당, 교당 등 종교시설과 마을회관, 노인정 등에서 소박한 잠자리와 먹을거리를 내주고 각자 살아가는 이야기를 나눴다. 생명과 평화를 위해 우리가 무엇을 할 것인가에 대한 성찰의 시간이었다.

길을 걷는 구도자 도법스님은 "세월호는 결코 있어서는 안 될 일이 일어난, 가슴 아픈 일이지만 온 국민이 자신의 일처럼 아파하면서 한마음이 됐다는 점에서 인간사회에서 일어난 가장 거룩한 희생이기도 하다"라며 세월호 문제를 잘 풀어내고 그 교훈들을 잘 실현하는 것이야말로 미래를 살아가야 하는 아이들을 포함한 우리 사회가 희망의 길로 가는 것이라고 했다. 그 순결한 첫 마음을 다짐하며 가는 길이 416 순례길인 것이다.

순례길을 갈 때는 항상 '푸렁이'가 그려진 깃발이 앞장섰다. 안상수체로 잘 알려진 글꼴디자이너 안상수선생이 도안한 '푸렁이'는 세월호가 인양된 날, 영감을 받고 완성했다고 한다. 세월호가 바다에서 올라오는 모습과 평화의 촛불이 어울려 새싹이 되는 모습을 형상화했다. 그러니 이 '푸렁이'에는 '세월호가 던진 씨앗을 싹 띄우면서 희망을 키워야 한다'는 염원이 담겨 있는 것이다. 세월호는 주인이 주인 노릇 하지 않고는 이 나라가 잘될 수 없겠다는 자각을 던져주며 평화의 촛불을 들게 했다. 도법스님의 말씀대로 온 국민이 세월호에 빚을 지고 있는 것이다.

그 마음을 되새기며 태안과 서천 구간을 순례자가 되어 함께 걸었다. 묵언으로 걷는 길은 많은 생각을 던져주었다. 자연은 인간의 이기심에도 아랑곳하지 않고 자연으로서 제 역할을 다한다는 것을, 크고 작은 동물들과 산과 들에 핀 들풀과 꽃들, 햇살과 바람은 인간보다 먼저 세상에 길을 내고 자연의 질서를 따르며 살아왔다는 것을, 그걸 거역하는 것은 인간의 이기심뿐이라는 것을. 지금 내가 누리는 안정과 평화들이 앞선 이들의 노고와 희생에서 비롯됐다는 것을. 416 순례길이 산티아고 순례길처럼 많은 이들에게 성찰과 치유의 길이 되리라는 기대를 해보면서 나를 더 낮추는 길을 걷고 또 걸었다.

나는 진실합니까

권미강 산문집

지은이 권미강 **초판인쇄** 2024년 11월 4일 **초판발행** 2024년 11월 10일
펴낸곳 도서출판 상상인 **편집주간** 황정산 **펴낸이** 진혜진 **기획·마케팅**
전은빈 최유림 노혜림 정현수 **책임교정** 길상화 **편집** 세종PNP **등록
번호** 제572-96-00959호. **등록일자** 2019년 6월 25일 **주소** 06621 서울시 서초구
서초대로74길 29, 904호 **전화번호** 02-747-1367, 010-7371-1871 **팩스** 02-747-1877 **전자우편** ssaangin@hanmail.net

ISBN 979-11-93093-74-0 (03810)

값 16,000원

* 이 책은 한국예술인복지재단 창작지원금으로 발간되었습니다.

* 이 책은 전부 또는 일부 내용을 재사용하려면 반드시 저작권자와 도서출판 상상인의 동의를 받아야 합니다

* 이 도서의 국립중앙도서관 출판시도서목록(CIP)은 서지정보유통지원시스템 홈페이지(http://seoji.nl.go.kr)와 국가자료공동목록시스템(http://www.nl.go.kr/kolisnet)에서 이용하실 수 있습니다.